デキる大人はこう使う！

スキルを高めるための66の日本語

はじめに

ちょっとした口癖や言い回しで、相手を不快にさせたり、怒らせる、誤解を与えたりするケースは少なくない。そんな危険な言葉を、われわれはつい使っている。

言っている側は平気でも、言われた側はとても傷ついたり、嫌な思いを募らせたりするもので、強いては人間関係にヒビが入るパターンさえあるものだ。

そんな「危険語」を「デキる大人はこう使う！　恥かしく軽率な日本語」と「ヘンな横文字」、「間違った日本語」、「社内で嫌われる日本語」の四つに分類し、アイウエオ順に66個取り上げた。

「あー、これはよく使っている」「つい口をついて出てしまう」と思うものも少なくないはず。これらの解説を読み、そのデメリットをよく理解して欲しい。

言い方一つで物事はマルにもなるし、バツへも転ぶ。そのぐらい繊細なものだという意識を強く持って、「美しい言葉」を使い合って欲しい。そこから創造的なコミュニケーションが生まれ、生産性が高まっていく。

本書は二〇〇九年二月に刊行した『騙されるな！　偽装する日本語90』（ゴマブックス）を大きく改変したもので、新たな言葉も多分に入っている。一つ一つ丁寧に読み上げることで、フレーズ力を高めて欲しいと思う。

平成二十三年二月

吉野　秀

目次

デキる大人はこう使う！
スキルを高めるための66の日本語

さ行

ら行

わ行

恥 …… 恥ずかしく軽率な日本語
横 …… ヘンな横文字
違 …… 間違った日本語
社 …… 社内で嫌われる日本語

装丁：原島裕治（spoonful）
イラスト：にご蔵

分類解説

本書では、間違った言葉の使い方や意味の取り違い、デキる大人ならば使ってほしくない軽くて浮ついた言い回し、相手を怒らせたり傷つけたりしている発言などを分類し、それぞれに名前をつけて四つの項目とした。似通ったパターンに遭遇した場合でも、ここにあげる四分類で、ほぼ全てのビジネスシーンをカバーできると思う。

「いつも使っている言葉が、なぜ？　他意はないんだけど…」そんな、日ごろから何気なく使っている言い回しが含まれているかもしれない。しかし、信頼されるビジネスパーソンの第一歩は、まずは正しく美しい日本語を使うことだ。

言葉の選び方一つで、コミュニケーションがスムーズになり、相手とも心地のいい円滑な関係が築けるようになるかもしれない。仕事のためにも、自分自身のためにも、まずは四つの分類をしっかりと理解してもらいたい。

恥かしく軽率な日本語

本人は全く平気だが、聞いている方はムッとするか、唖然とするのが次にあげるようなフレーズ。「おかしい」と思っていても、つい出てしまうのも特徴の一つだ。

一年前、あるパーティーへ出席した際、冒頭のあいさつにある経営者が立った。「年を取ってくると、つい話が長くなりますが、今日はそうはいきません、早い話が・・・」。ビールの入ったコップを持った参加者は5分あたりからそわそわ。10分後には、方々でざわめきが起こった。ＫＹ（空気が読めない）と言われればそれまでだが、話す内容がまたお粗末で、日米関係から始まって、日本経済の行方など、とてもではないが、パーティーにはそぐわない中身であった点も参加者のひんしゅくを買った原因。「早い話が」も全然そうなっておらず、その一言が逆効果になってしまったのだ。

ビジネス人として、とても恥ずかしいフレーズは数多い。「早い話」もそうだが、最近は語尾を上げたり(「○○なんじゃない」「だったりして」)、妙に若者言葉(「リアルで」や「ホワイト・キックス(しらける)」などを多用する人も後を絶たない。

時に冗談として使う分にはしゃれで済むかもしれないが、これが恒常化すると、単なる軽率な人と捉えられる確率は相当高い。

「どんなに仕事ができても、あの口ぶりは軽いわよねえ。私たちのご機嫌をとっているのかもしれないけれど、はっきり言ってウザい」、『やってる〜』や『ばっちしだね』など軽率な発言をされると、信頼感が急激になくなってしまう」の声も若手・中堅社員からあがっている。社員へ迎合する意味があるのかもしれないが、それは大きな間違いで、これがかえって信用を落としてしまうことに注意して欲しい。

ヘンな横文字

先日、共同セミナーの打ち合わせで、30歳代の経営者Nさんに会った。
私「今回の件、利益配分はどう考えますか」
N「基本的ににイーブンというか、レベニュー・シェアでいこうと考えています」
私「利益を半々の意味ですか」
N「ザッツ・オールですね。レベニューをシェアすることが、お互いにリスクもないと思います」
これ実際にやり取りした会話。わけのわからない横文字が連発され、実に違和感のあるものだった。どうしてこういう横文字を使うのかはわからないが、もっともらしく聞いてもらいたい気持ちが如実に表れた証拠と認識して不思議ではない。
これら以外にもオン・マネーやタスク・フロー、ノー・リアクションなど数々の珍語が並んだ。それぞれ「経費」「仕事の流れ」「行動しない」を意味するものとのちにわかったが、通常の会話ではほぼ使う場面はないだろう。

言葉を受け取る側もしょっちゅう首を傾げさせられると、会話そのものへ疑心暗鬼になってしまう。

「この人、真剣に話しているのだろうか」「英語を使って、ある意味での優越感を示そうとしているのかもしれない」などと余計な邪推が生まれる。わかりやすい言葉で、わかりやすく話、理解・納得させるのがコミュニケーションの要諦とするならば、あまりにそれを逸脱している。真実味を感じさせないのである。

意味不鮮明な横文字を連発する人には、話が長く、とりとめもない傾向が強い。さらに、日本語で話した方が良いものでさえ、意識的に横文字化する。先のイーブンやノー・リアクションの例を引くまでもなく、さらっと「対等」「無反応」で適切ではないか。

確かに横文字にした方が通りの良い「チェンジ」や「ミーティング」、「プラン」などもあるにはあるが、それが高じると嫌味に聞こえるだけではなく、認識に差が生じ、ビジネス上で問題が起こる危険性さえある。強いて言えば、軽々しい使用は信用も落としかねないことを知っておいてほしい。

間違った日本語

「まず最初に」などの重複言葉に代表される間違った日本語は、殆どの人が間違ったと思わないで使っているケースが多い。かくいう私も、講演などで大勢の人を前に緊張して、思わず発してしまう表現である。

「違和感を感じる」も最近耳にする重複言葉。「違和を感じる」ってのもヘンなので、「違和感を覚える」くらいでないと、言葉のセンスは磨けない。このような重複言葉は、書く習慣を身に付ければ、自然と改善される。実際、ペンで書くのは面倒な人でも安心。ワープロソフトには校正機能が付いているので、「まず最初に」などは「重ね言葉」とエラー表示が付く。

また、文化庁が実施した「平成19年度・国語に関する世論調査」では、74・1％の人が「足をすくう」を「足下をすくう」と誤用していたとする結果が出た。相手の隙を狙い、負かす・失脚させることで、足下は物理的にもおかしい。

「とんでもないです」の「とんでもない」は①考えられないほどひどい ②取り返しがつかない ③常識外 ④決して、そんなことはない。以上を表す形容詞。形容詞「ない」に、肯定の断定を示す「です」を組み合わせるのは不自然。「そこまで言っていただけると…」の方が気配り十分。

これらの重複言葉や誤用言葉は、よくよく注意していないと使う側も聞く側も見落としてしまうので、逆に正しく使えた場合は、「デキる大人」と思われるプラス材料でもある。

逆に「とんでもないです」や「全然いいです」などは、日本語文法を理解していない若者言葉の代表例でもあり、使うだけで相手に軽薄感を持たれるので、注意しよう。

社内で嫌われる日本語

社内で嫌われる日本語は、たいてい相場が決まっている。往々にして上司が責任を回避するための逃げ口上である。そのため、言われた方もより適切な対処法を用意していないと社内の人間関係、はたまた将来の出世にも影響してくるので注意が必要となる。

例えば、上司に「間違ってはいないが合ってもいない」などと言われるケースがままある。古くは「当たらずとも遠からず」と言われたフレーズだが、これは質問に対して焦点のずれた回答だった時、年輩者がしばしば発する言葉。回りくどい表現のように聞こえるが、実は「君は何を聞いているの？」と言外に表しており、あきれムードの端々で見られる。「間違っていない点はどこでしょう？」とプラス面を聞き出し、それをふくらませて認めさせる展開が肝心だ。

社内で嫌われる日本語を部下である立場の人が使うと、「こいつは何を考えているんだ」と思われるものもある。

「今度は本気でやります」などは、仕事上のしくじりに対する巻き返しの機会を与えられ、喜びのあまりについ不規則な一言。「今度も本気ではやりますよ、そして、良い結果を…」と言おうとして、うっかり「今度は」と言ってしまうケースが多い。やる気はあるが、本気度は低い輩が多用するフレーズ。いざとなれば、力技でどうにかなると高をくくっている単純派の共通言語に挙げられる。知恵なき行動を感じさせる点で、信用を落とすことテキメン。

また、同僚などが悩みや心配事を打ち明けているのに、無意識に使う「気にしない方がいいよ」などは、「気にしている」から相談・告白するのであって、回答として無責任だし、はぐらかしの感が強い。「ドンマイ」「次のチャンスに」「明けぬ夜はない」など、慰めとはほど遠い空虚なフレーズであり、「真摯に話してくれない」と思われるので、注意しよう。

登場人物紹介

センパイ
ありがち達の先輩
意外と仕事がデキる
大らかで頼りになる
しょーこさん
ありがちの同期
有能な若手社員
美人でモテる
いけず
ありがちの同期
頭が良くて手先が器用
性格が…
ありがち
色々勘違いが多い
デキる大人を目指し、
勉強中

デキる大人はこう使う！

スキルを高めるための66の日本語

テシガワラ
社長の愛犬
忠実で賢い
社長
たぬきオヤジ
食えない性格だが、
お茶目な一面も
営業部長
カタカナ語を使いたがる
短気
髪の毛にヒミツが?!
企画開発部長
若手社員に理解がある
ありがちを適切に指導
している
事ムのコ
ありがち達の後輩
空気は読まない
思い込みが激しい

味がおいしい

正しい使い方
味が良い、うまい

「意地悪なスネ夫」「乱暴なジャイアン」は、二重表現だと言い張る知人がいる。スネ夫は意地悪、ジャイアンは乱暴者と決まっている。よって、「意地悪」は「スネ夫」に、「乱暴」は「ジャイアン」に含まれる。こう主張して聞かないのだが、実は一理ありだ。「おいしい」を「美味しい」と表記する事実を知らない人が意外に多いのには驚く。

ありがちなやり取り

デート・シーンでのカップルの会話

男「この味、おいしいね」
女「アジじゃないでしょ、これ。マグロじゃない」
男「味のことを言ってるんだよ」
女「マグロとアジの区別もつかないの？」

板前さん「お客さん、味なことを言ってなさんな」

味がおいしい

問題点

「うまい」の古語「いしい」に、丁寧を表す「お」を付けた元々は女性語。都合の良さを示す時に用いる(例／おいしい話が舞いこんできた)。先の使用例では「味」の部分に、具体的な料理名が入らないとおかしく、「頭痛が痛い」「馬から落馬」に匹敵する重複語。美しい日本語を使いたいなら、「●●の味は絶品」「▼▼はすごく美味しい」にするべきで、「味は(が)」を主部にするなら、「良い」を使うのが適切だ。

対処法

「やっぱし」や「わりかし」、「すいません」などと並ぶ若者言葉。「そんなにおいしいんだ、良かったね」としか私には言えない。しかし、変な日本語に味をしめると、大切な場所でえらい目に遭うのではないだろうか。

時に「この料理、味がまずいんじゃない」と言う人がいるが、これも「味がおいしい」と同じ。「まずい」は「不味い」と書くので、歴然とした重複語。共通しているのは、「おいしい」「まずい」の漢字を把握していない点。これさえ知っていれば、このような表現は使わないはずだ。

若者言葉を頭から否定するつもりはないが、表現をダブらせた結果、聴き手に軽々しく捉えられてはあまり賢明な現象ではないと思う。

言いたくはないんだけれど

本心 言うのを我慢していたのだが

できのよろしくない輩へ、手をかえ品をかえ説諭するが、一向に「馬の耳に念仏」「ぬかに釘」。と言って、厳しい言葉を投げかけ、いきなりブチ切れられても困る。自分の意思とは別に、言わざるを得ない点を強調する姿は痛々しい。

ありがちなやり取り

会社での上司と部下の会話

上司「キミはどうして、同じ失敗を何度も繰り返すんだ」

部下「一生懸命やってはいるんですが」

上司「だから良いというわけじゃないだろ」

部下「これ以上、一生懸命やれってわけですか」

上司「言いたくはないんだが、キミの一生懸命は他の人の半分以下なんだよ」

部下「言いたくなければ、言わなければいいんじゃないですか」

上司「言葉尻を捕まえて、論点をずらさないで欲しいね」

部下「言いたくはありませんが、言いたいことはいったい何ですか？」

問題点

近いフレーズに「申し上げにくいのですが」や「失礼ながら」もあるが、「言いたく…」は少し怒りが入っている警戒語。「それなら言うなよ」の逆襲を予見し、「こういう言い方はどうかとも思う面もあるが」と表現する者もいる。いずれにしても、「言いたくはない」ことを「言う」わけだから、妙に回りくどい言い方は、かえって相手の神経を逆なでしかねないと思う。

対処法

「じゃあ止めろ」では正面衝突。威嚇球をフワーっとかわすように、ゆっくりした語調でこう言いたい。「無理して言わせてしまうのは心苦しい。わかっています。私が言うべきことを……」。しかし、ここまで相手に求めては酷であろう。言いづらいことでも、言わなければならない事項は、策を弄さずに直球で攻めた方が効率的だし、表現者として賢い。

よく使われるのが、「単刀直入に言えば」「ズバリ申せば」。これらを冒頭に使えば、相手も「あっ、モノをはっきり言ってくるな」と心の準備ができる。それが例え、マイナス要素の物でも、ある程度の覚悟を持たせることができる。一方、「ぶっちゃけで」「オールで話すと」などの若者言葉は避けたい。小馬鹿にされている感じを相手にいだかせるし、反感を買って、拒否反応を持たれるからだ。

インクルード

和訳すると 包む、包含する

だいぶ前に私が籍を置いていた企業の社長の口癖は、「そのアイテム、バジェットにインクルードしておいてよ」。直訳すると、「その項目は予算の中へ盛り込んでおけ」になるが、社員もドン引き。「陰狂人」とありがたくない異名を頂戴していた。これを真似する社員も続出。

ありがちなやり取り

会議における部長と社員の会話

部長「この収支計画書の中で、収入見込みがカギだな」
社員「通販が仕掛かりなもので、数字を入れていないんですよ」
部長「見込みは立ってんだろ」
社員「まあ、そこそこは…」
部長「それだったら、インクルードしてもいいだろ」
社員「インクルードするには、時期的にちょっと」
部長「そんな弱気じゃ、会議にインクルードしないぞ」

インクルード

問題点

「INCLUDE」は「IN（中へ）」と「CLUDE（閉じる）」が合体したもの。往々にして、「勘定に入れる」の意味で経営者が使いたがる。「単に入れておけ」ではなく、「それでも稼げ」と言っている点に留意したい。「含む」と言っておけば済むものを、わざわざ英語で言うところが気障っぽいところ。中には「インクル」と変に略して使う輩もいて、不適切な使用法が目立つ。

対処法

「目には目を」ではないが、英単語対決で相手を疲れさせる技を使いたい。「コンクルード（結末を付ける）っつうことでアグリー（合意）してOKですか？」。一定水準の英語力は要るが、「こいつは一筋縄ではいかない」と思わせる。

しかし、こんな非生産的でさまつなやりとりを会議や打ち合わせでやっていては、意義や意味はほとんどない。「コンセプト」や「スペック」、「レコード」、「イントロダクション」などもそうだが、できるだけ日本語とし、わかりやすさで相手を理解・納得・合意・行動させるのが正攻法と思う。安易に英語を並べ立てると、軽薄に聞こえる（見える）し、意味がわからない、わかりづらい点において、会話の有効性が大きく問われることになってしまうケースも少なくない。

イノベーション

和訳すると
新制度、新機軸、刷新、革新

「われわれは業界のイノベーター」「イノベーションで新風を巻き起こします」。気を引こうとするあまり、何とも大げさな文句を掲げる「羊頭狗肉語」。リニューアルを強くしたもので、パチンコ店・新装開店のチラシにも書かれているから笑える。会社の会議でもまま現れるフレーズだ。

ありがちなやり取り

会議における参加者同士の会話

社員A「今度の新製品は、業界を震撼させるものですよ」
社員B「画期的だよな」
社員A「業界イノベーションがはかれるというわけ」
社員C「われわれは、この分野に関してはイノベーターなわけですね」

社員D「すみません、インベーダーって何ですか？」

イノベーション

問題点

一般的には「技術革新」や「経営革新」を意味していたが、その適用範囲は相当広がった。ちょっとした変更・修正に、この単語を使う意味はどこにあるのだろう。見栄っ張りか舶来かぶれの自己満足語だと思う。「リニューアル」や「リメイク」、「リダクション」も最近よく使われる言葉の類で、「RE（り）」を付ければ、なんとなく格好良いと捉えている風潮は確かにある。

対処法

「はぁ〜?」では場が壊れるし、無知をさらけ出すことになるのでおとぼけでさらっと避けたい。「最近物忘れがひどくて。記憶を戻すチャンスを!」と自分を落として、相手が説明せざるを得ない雰囲気を作る。逆に、発言者は軽率に英単語を使うことを避け、もっと具体的に、「どこが・どういう風に・どうして」斬新なのかを述べることに留意するべきだろう。

冒頭のやりとりのように意味が正確に捉えられずに、「インベーダー」（侵略者）と勘違いされては笑い物。人へモノを説明する時には、正確にわかりやすく。決して美しい表現を使う必要はない。「英語＝美しい表現」と認識しているなら大きな間違いで、聞こえは良くなくても、「丁寧さときめ細やかさ」を重視した言い回しを習慣化させる必要性が高い。

ウィン&ウィン

和訳すると

双方が成功して、実利が得られる

「コラボしない」族の常套句で、何とも軽佻浮薄な響き。もちろん、真摯な姿勢で使う人もいるが、多くは「勝ち馬に乗る」や「人のふんどしで相撲を取る」思惑が渦巻く。ギブ&テイクなど無視し、テイク&テイク。人は利用するものと傲慢な思想がちらつく。

ありがちなやり取り

知り合ったばかりのビジネス人同士の会話

A「ぜひ、○○さんとご一緒にお仕事したいと思っています」

B「ありがとうございます」

A「協働するには、儲けたいですよね」

B「それはそうですね。その点は同感です」

A「発想としては、ウィン&ウィンです」

B「理想ではありますが、中々難しい面もありますよね」

問題点

ウィン(WIN)は「戦いに勝つ」意味で、敵を負かす時にはビート(BEAT)を用いる。よって、一緒に戦うことを示すのであれば間違ってはいないが、相手はいったい何の戦いなのか。あいまいがさらにあいまいを呼ぶ。さらに、勝負事で両者が勝つことはあり得ないわけで、誰か負ける人が存在する現実を意味する。悪く解釈すれば、誰かを犠牲にして、二人でいいところ取りしようともとれる。

対処法

ビジネスでは実績が重要な判断材料。そして、今何をしているかも観察点だ。『WINNIG』(同・形容詞)と『WON&WON』(WINの過去形)が知りたいです」と切り返した人を聞いたことがある。

つまり、今までどんな風に、どういう勝ち方(実績)があるかを詰問したわけである。こう指摘されないためにも、「ウィン&ウィン」の表現は使わず、「ウィズ・アップ」(共に成長していく)に換えるのが賢明と唱える語学専門家も少なくない。

「いつから、何を、どのように」をはっきりさせるのが重要で、それを決める前に勝つの・負けるだの言っているのでは化けの皮がすぐにはがれる。何事も基礎をしっかり固めてから、事へ臨みたいものだ。

エビデンス

和訳すると
証拠、証言

「アイデアは良いが、ノー・エビデンスじゃなあ」。自分のところではリスクを取りたくない経営者が、体を斜めに傾けながら吐く「軽薄語」の一つ。「ドキュメント」も同義語で、相手がほとんど負担してくれればやってやらないことはない殿様商売の常套句だ。

ありがちなやり取り

パーティー会場における上司と部下の会話

部下「あの方と名刺交換したいんですが」
上司「ライバル社だからなあ」
部下「有益な情報交換ができると思いますが」
上司「なんでそんなことがわかるんだ？」
部下「……」
上司「エビデンスのないことは言うもんじゃないねえ」

問題点

EVIDENT(明白な)の名詞形。「エビアン」だか「エビドン」だか知らないが、「あなたは刑事か弁護士？」とからかいたくなる。こういうのは他人には契約書を作らせ、自分は口約束でごまかすインチキ野郎。「エビデンス」はかなり重要なことに関する証拠を示すものなので、右記のような場合にはそぐわない。普通に「立証されるモノがない」「証拠となるものは？」と言えば済むものだ。

対処法

相手にもリスクを負わせる目的で、強気で攻めるのが得策。「エビデンスを出さなければならないエビデンスからどうぞ」。海老で鯛を釣ろうとする不届き者が、思わずエビぞってしまう気迫と身振り手振りで。こんな攻撃を受けたくなかったら、不用意に使わないこと。

先般、ある人の仕切りで私のセミナーが企画されたが、告知はしたものの、集客努力はほとんどせずに、途中から参加無料にしてしまった(私の講演料はゼロ)。この点を糾弾すると、「レベニュー・シェアが難しそうで、集客できるエビデンスがなかったもんですから」の回答。この場合、「集客できる自信」と言うのが一般的であり、思わず呆れかえってしまった。もちろん、中止となったが、「エビデンスが持てるように、今後はエフォート(努力)します」の一言は私の失望感を増幅させた。

デキる大人はこう使う!

社内で嫌われる日本語語

7

俺が若い時にはそんなことはなかった

本心 何を言っているんだ若造が

今風のやり方で上手くいっていない時に、トップが発しやすいフレーズ。往々にして、精神論が重視され、「気持ちがこもっていない」や「根性が足りない」、「やる気だけではダメだ。本気を出せ」などの一文が続きがち。

ありがちなやり取り

上司と部下の会話

上司「○○くん、何だ、この書類は」

部下「どこが問題なんでしょうか」

上司「だいたい、経緯がほとんど書いていないじゃないか」

部下「それは、もうご存知だと思いますので」

上司「とは言っても、書類には書くべきだろ。俺がキミぐらいの時には、こんなことは認められなかったぞ」

部下「でも、おわかりにはなっていますよね」

俺が若い時にはそんなことはなかった

問題点

固定観念や既成概念にとらわれていると、つい口をついて出てしまうもの。言われた方は「今はこうやった方が効率が良いんですよ」と言いたいところだが、そうすると水掛け論になる。いったんは「昔話」を聞くのが、ほとぼりを冷ますには適切だろう。しかし、あまりに古めかしいことを並べられても、聞いている方は現実感が希薄。ポイントを絞って、「何が問題なのか」をはっきりさせるのが大切だ。

対処法

「だから『古い』って言われるんですよ」と切り返して、延々と言い合いをした中堅社員を知っている。しかし、ひと昔前の考え方や手法にも一理あるケースは存在するわけで、いったん受け止めて、最善の手を構築するのが賢明と思う。

逆に言えば、『古い』と思わせないのが重要で、基本である「7W5H」＝When（いつ）、Where（どこで）、Who（誰が）、Whom（誰に）、What（何を）、Why（どうして）、Which（比べて）、How to do（どのように）、How much（いくらで）、How many（どのくらい）、How long（いつまで）、How about（どう捉えているか）。「これらを明確にしてくれ。変わらぬ基本だ」と言い放つのが効果的と見る。いくら正しくても、言い方一つで相手の意欲を萎えさせることがある事実を知っておきたい。

8

代わりはいくらでもいるんだ！

本心 ○○に代わってもらうか？

怒りにまかせ、担当者を叱責・罵倒する時に使うフレーズ。たとえ事実であっても、わざとミスをする人はいないわけで、起こった事象の原因・理由をじっくり聞くのが上司の取るべき行動であろう。

ありがちなやり取り

上司と部下の会話

上司「なぜ、こんなミスをしたんだ？」
部下「ちょっと確認を怠りまして……」
上司「『ちょっと』じゃ困るんだよ」
部下「すみません。ちょっとだったんですよ」
上司「そういう意識だから、成果が上げられないんじゃないのか」
部下「……」
部下「別にキミじゃなくたっていいんだ、代わりはいるんだから！」

代わりはいくらでもいるんだ！

問題点

こう言われて、「じゃあ、代えてください」と居直る人はまずいないだろう。言われた方は、二の句が継げないフレーズだ。士気も当然下がる。「給料分働け」「そんなこともわからんのか」と並び、タブー・フレーズの一つ。せいぜい、「アシストするにはどうしたらいいか？」ぐらいの質問調でおさめたい。しかし、上司もつい感情的になりがち。一拍おいて、気を静めてから発言する姿勢を薦める。

対処法

「もう一度やらせてください」。これが言われた側の常套句だと思うが、その際に、ミスの原因を徹底的に究明し、これからどう修正していくのかを明確に示す必要がある。こう言う場合は理屈だけではなく、「今度はしっかりやります」と心情にも強く訴えていくのが手法だ。

とは言っても、「代わりはいくらでもいるんだ」は士気を下げるには、ある意味で効果が大きいフレーズ。言った方も決して気分が良いものではない。現状を正確かつ緻密に把握した上で問題点を抽出。解決策を考案して実行させる「流れ」が欲しい。そのためにも、周囲の意見を聞くのは構わないが、ミスした人間の心情も慮り、「代わりを立てるわけにもいかんだろ。キミにだって責任とプライドがあるだろうから」ぐらいに抑えたい。

今日は責任者がいないもので

正しい使い方 明日、責任者から連絡させます

「責任者がいないから、何だって言うんだ！　すぐ解決してほしいから電話しているんだ」と突っ込まれるフレーズ。文句を付ける人にとって、相手は誰でもよい。かえって、神経を逆なでさせてしまう。

ありがちなやり取り

ある会社の販売促進部に調査会社からかかってきた電話

調査会社「先日、御社から頼まれた市場調査についてなんですけれど、あれはかなり苦労したんですよ。それで、あの支払金額はないでしょう。1ケタ少ないですよ。何を考えているんですか。早急に金額を見直してください」

担当者「申し訳ありませんが、今日は責任者がいないもので、お支払いの件は私の一存では決められません。また後日……」

調査会社「じゃ、何で話を黙って聞いていたんだよ！」

今日は責任者がいないもので

問題点

「責任者」とは担当者なのか、担当者の上司なのか、社長なのかはっきりしないことが多い。会社としての問題解決には決裁者があたるべきだが、クレームの内容によってはそれが最適とは限らない。きっちりと、誰がどういう役目を果たしているかを示す必要がある。

対処法

まず「担当者は誰でしょうか」「どういった内容でしょうか」と尋ねて、何についてのクレームなのか、誰に電話を取り次げばいいのかをはっきりさせること。そして、「それでは、適した担当者におつなぎしますので……」と対応する。

最初にしっかり現状把握して、問題点をはっきりさせる。それから適任者につなげば、電話のたらい回しもなくなり、二次クレームも減っていくものだ。

決まったことは仕方ないだろ

本心 これは決定事項なのだよ

決まったのは良いかもしれないが、決まり方に問題があるケースも少なくない。「決定事項を変えろ」と言っているのではなく、「その目的と決定行程、想定される効果」を聞くのに何の問題があるのだろう。これにきちんと答えられないとしたら、社長は「思いつき」のヘボである。

ありがちなやり取り

社長と社員の会話

社長「先日の件だが、やはり●●にする」
社員「あれだけ議論の限りを尽くしたのに、どうしてですか」
社長「まあ、いろいろある」
社員「とは言っても、われわれもかなりの準備をしたわけで」
社長「それはわかっている」
社員「でしたら、その経緯をお話ししていただかないと」

社長「決まったことは仕方ないだろ」

決まったことは仕方ないだろ

問題点

「仕方ないだろ」は決定手法を問わず、「そうなったんだから、文句を言うんじゃないよ。従っていればいいんだ！」と言っているのと同じ。相手に理解・納得・合意してもらおうとする努力は皆無に等しい。「とりあえず」で手掛けたもので成功する可能性は、極めて低い事実を認識するべきだ。どうしてそうなったかを説明しないと、関係者は腑に落ちないし、不安感は不信感へ変わる。

対処法

「仕方あるので言っています。聞いてください」。こう食い下がった新人が以前いた。中々のつわものだが、疑問を残さない点においては、手法としておかしくはない。これに逆切れするようだったら、その社長は小物だし、社員・スタッフひとり論破できないのなら、資質へ大いなる疑問を持たざるを得ない。

「仕方ないだろ」という言い方には、私も多少は違うと思うが、いきがかり上でそうならざるを得なくなったのニュアンスを含む。しかし、聞かされる方は「どうして」と強く思うわけで、「●によって、▲が■になったので変更することにした」を明確に説明しなければならない。権力を使った力技的な発言は、「この人には何を言っても無駄」と思わせる危険性を秘める。

11 キミに言われる筋合いはないね

正しい使い方 話の筋道が違うんじゃないか?

会議や打ち合わせなどで、上司へ意見を言った際に、よく言い返されるフレーズ。こういう上司に限って、「どんどんアイデアを出してくれ」と思ってもいない発言を繰り返す。筋合いがあるから言っているのに・・・。

ありがちなやり取り

会議室での座長と社員たちの会話

座長「今日は、みんなの忌憚ない意見をどんどん出して欲しい」
社員A「先日の▼ですが、あれは効率が悪すぎると思います」
座長「それはどういう意味だ?」
社員A「事務処理が三度手間になっているからです」
社員B「仕事が無意味に増えた感じですね」
座長「私の発案に問題があったと言うのかね」
社員B「そういう面は否定できないのでは…」
座長「良かれと思って実行したんだ、キミに言われる筋合いはない!」

キミに言われる筋合いはないね

問題点

社員やスタッフを「キミ呼ばわり」するのも品がない。しかも、会議は共通の議題のもとで行われているものであって、「筋合い…」は不適切な表現。こう言われたからと言って、「すみません」と謝る必要はない。初対面の時はもちろん、相手をすぐに「あなた」と呼ぶ輩がいるが、これも違和感をいだく。きちんと名前で呼ぶべきであり、今で言う「上から目線」が表われた言い方だと思う。

対処法

戦う姿勢を示したいなら、「他の方が同じ意見でしたらいかがでしょうか」ぐらいの切り返しが欲しい。実は上司も、痛いところを突かれたのは認識しているので、あたふたするか、怒鳴って場を壊すなど自滅への道をたどるだろう。

「筋合い」や「義理」といった言葉を乱用するのは、どっかの世界の方たちのようで、実にセンスがない。「言われる筋合いはない」と言いたくなる場面があるのは理解できるが、この表現を使っただけで、中には萎縮してしまう社員もいるはずだ。

ここは一つ大人になって、「貴重な意見として聞いておくけれど、どこが・どのような課題となったかを具体的に、そして簡潔に発表してくれ」ぐらいの切り返しを使いたいところ。カッとして発した言葉は生産性を生まない。

キミのためでもあるんだけどなぁ

本心 面倒くさいからやってくれよ

やっかいな仕事を頼む際に、しばしば使われる「まやかし語」。一見、その社員・スタッフの事を思っているようで、実は押し付けようとするシーンで使いがち。「具体的には、何のためですか」と聞いた人もいて、社長は「まあ、人事っていうか」とたぶらかしていたという。

ありがちなやり取り

社長室における社長と社員の会話

社長「この仕事は、●●くんに向いていると思うな」
社員「どういう風にですか」
社長「とにかく、向いているんだよ」
社員「……」
社長「これを実現すると、●●くんも一躍ヒーローだ」
社員「そんなに大きな仕事で何ですか」

社長「もちろん。キミのためでもあるんだよ、今後のね」

キミのためでもあるんだけどなぁ

問題点

「キミのため」なら、他には何のため？　会社のためなのだろうか。慇懃《いんぎん》無礼な表現の一つなので、このフレーズへ一喜せずに、「目的の明確化→現状把握→課題発見→確認」を怠らないようにしたい。しかし、仕事を頼むのに、個人のためと言うのは、よく考えたら不可思議である。「●●の仕事は▼の意義があり、それに得手と思われるキミを指名したい」ぐらいの言い方はしたいものだ。

対処法

自分の出世、名誉、権力維持のために社員・スタッフを利用しようとする「狸」も少なくない。そういう輩がよく使うフレーズだ。あいまいな各論で納得せず、よくわかる総論で「イエス・ノー」を決めるようにしたいし、「私では力及ばずで」と断り方にも一工夫したい。

先日、頻繁にメールをやりとりしていた女性から、いきなり「配信不要」なる一報が届いた。いまだに、その意図がわからないが、そこには「お互いのために」ではなく、「あなたのためでもある……」と記載してあった。これも意味不明だが、「●●なので、しばらくメールのやりとりは止めましょう」が一般的。上のケースにあてはめれば、「キミにとって、相当の確率でプラスになるよ」となろう。

キミでもいいか

正しい使い方 キミに頼もうか

本当は他の人に頼みたいが、当人がいなかったので、仕方なく依頼する時につい出てしまうフレーズ。こんな失礼なフレーズはない。「キミならいいか」ならまだしも、「でも」は非常に否定的で侮辱的な用語である。

ありがちなやり取り

職場での課長と社員の会話

課長「おーい、○○くんはいないか」
社員「ちょっと、席をはずしています」
課長「困ったなあ。急な仕事が入ったのに」
社員「少し経ったら戻ってくるんじゃないですか」
課長「すぐじゃなきゃ困るんだよ」
社員「携帯電話へ連絡取ったらどうですか」

課長「あーいいや、△△くん。キミでいいや。これ、至急やってくれ」

キミでもいいか

問題点

「本当は頼みたくないけれど、仕方ないからなあ」の心境が丸わかり。こう言われて、「喜んでやります」と思う人はまずいないだろう。厭味ったらしく、「私なんかでいいんですか」と逆襲して、見事に断った中堅社員を知っている。「でも」は、軽い気持ちでだいたいのところの例を挙げる副助詞。「○にでもなったら・・・」「△にでもやろう」と良いイメージとしては使わない。

対処法

「課長！　私の名前は○○です。ご指名にお間違いはございませんか」と毅然と切り返して、有無を言わせなかった人も聞いたことがある。人にものを頼む時には、当然ルールがある。失礼と思ったら、黙っている必要はない。

最近の若い人ははっきりしているので、「キミでもという言い方はないんじゃないですか」と応酬される危険性が高い。それを回避する意味でも、また、人へ依頼する時のマナーとしても、「キミだったら十分、いや、それ以上に代役が務められるな」ぐらいの表現配慮が必要だ。「吉野さんでもいいかと思って」と講演の講師を頼んできた中年女性が最近いたが、もちろん丁重に断った。「でも」が「なら」であれば、相手の気持ちも不快とはならない。

言われて嫌なことは、言わないようにすることだ。

キミの言うことは難しいなぁ

正しい使い方 もう少しかみくだいて話してくれないか

どんなに懸命に説明しても、あまり聞く気がない場合にしばしば出るフレーズである。「もっとわかりやすく言ってよ」という気持ちもあるにはあるが、最初から聞くことを面倒くさがっている態度が見え見えだ。

ありがちなやり取り

A社とB社の打ち合わせでの会話

A社社員「と言うわけで、今回のプロジェクトのコンセプトは以上です」
B社社員「『と言うわけ』と言われても、漠然としていて理解できないところがあるなあ」
A社社員「どのあたりでしょうか」
B社社員「う〜ん、はっきり言ってほとんどだね」
A社社員「……」
B社社員「英語は多いし、言われていることが難しくてわからないんだよね」
A社社員「そこがプロブレムなわけですね」

キミの言うことは難しいなぁ

問題点

「小難しくてわからんよ」「かみくだいて言ってくれ」にも共通した、「あまり相手にしたくない」心境が表われたフレーズ。下手すると、詳細を聞いていないのに、「もういい、キミの言いたいことはわかったよ」とぞんざいに扱われかねない。英単語を当たり前の様に使う、故事成語や四字熟語をやたらに使うと、先のようなフレーズを引き出してしまう危険性が大である。

対処法

これは会話の鉄則でもあるが、結論を冒頭に言うべきであろう。その補足説明を続けるのが正攻法。ぐたぐだ続いた説明の後に、「○○して欲しい」と言われても、聞いている方は判断が付きにくい場面は少なくない。

プレゼンテーションのコツはカン・カラ・ヒロイ（簡潔・カラフル・見聞や知識が広い）だが、中々これを全うできる人は少ない。と言って、「キミの言うことは難しいなあ。全然わからない」と一刀両断しては前へ話が進まない。わからない箇所が出てきたら、「一つ質問していいかな。今のところは●なのか、▲なのか。どちらにおいても、理由は何かを教えてください」と温和に接するのがオツ。トゲのある言い方をすると、相手の神経にも触って、建設的な議論・会話にはなりにくい。

～くんを見習いたまえ

正しい使い方
～くんのやり方が参考になるぞ

ミスをした時に、できの良い同僚の名前を引き合いに出すのはままあること。しかし、言われた方は正直言ってカチンと来るし、名前を出された人も気恥ずかしい。雰囲気を壊してしまうフレーズの一つである。

ありがちなやり取り

社長と役員の会話

社長「また、キミは何をやっているんだ」
役員「申し訳ございません。迂闊なやり方でした」
社長「これは解決するのに、手間がかかるぞ」
役員「何とか、私がフォローいたします」
社長「期待薄だなあ。こんなミスは前代未聞だよ」
役員「早速、事の収拾に取りかかろうと思います」

社長「何年、役員をやっているんだ。○○くんを見習いたまえ」

～くんを見習いたまえ

問題点

「キミよりも、○○の方を高く買っているんだよ」の心境が如実にばれてしまっているフレーズ。こう指摘されて、「はい、見習います」と断言する人は皆無に等しいはずだ。「見習うべきところは、きちんと見習います」と毅然と切り返した人の話を聞いたことがある。しかし、これは相当の実績と自信がないと発言するのは難しい。強いて言えば、「参考にさせていただきます」が限界か？

対処法

「どういうところをでしょうか」や「見習うべき点を教えてください」、「すぐに教えてもらいます」と愚直すぎる対応で、火に油を注ぐパターンも散見する。「理解はしました」が適切な言い方で、「すぐアドバイスをもらってきます」や「さすが、○○さんの仕事はすごい」など妙に媚びる必要はない。

先日、講演先で隣の人と話しっ放しの中年女性がいた。もちろん、他の人は静かに聞いているわけで、周辺のひんしゅくも買っている。講師の私としても「黙れ！」と言いたいところだった。しかし、それだと言い合いになったり、雰囲気が壊れるので、「他の方はお二方と違う聞かれ方をされていますが、どう思われますか」と傍に寄って質問。やっと気付いたのか、静粛な状態になったが、「売り言葉に買い言葉」は損して損取るからやっかいだ。

結果さえ出ていればいいんだよ

正しい使い方 良い結果を期待しているよ

仕事は成果で評価するものなので間違ってはいないが、人によっては「じゃあ、過程は問わないわけだよね」と解釈する場合もある。結果には「良い結果」と「悪い結果」があることを、きちんと認識すべきであろう。

ありがちなやり取り

マネージャーと部員の会話

マネージャー「この前の件、調子はどうだい？」
部員「いろいろ企画書を作って、何回も先方へ出向いています」
マネージャー「時間がかかり過ぎじゃないのか」
部員「そう簡単には行きませんよ」
マネージャー「要領のよさも必要だからな」
部員「丁寧に仕事を進めています」

マネージャー「極端に言えば、結果さえ出りゃいいんだよ」
部員「プロセスは特に問わないんですか？」

結果さえ出ていればいいんだよ

問題点

先に述べたように、その過程をいい加減に捉えていては、たまに良い結果が出たとしても続かない。「今回はさすがだが、どういう段取りで進めたんだ?」ぐらいの発言をトップも投げかけ、仕事全体の流れを把握しておく必要がある。もちろん、過程だけ良ければOKなわけでもなく、良い結果を導き出すために、どういう動きをしているかを自分で正確に把握し、上司にも報告する必要がある。

対処法

逆に考えれば、一生懸命やっても「良い結果」が出なければ、評価は全然されないということ。それでは身も蓋もないので、上司への報告・連絡・相談・確認はこまめに励行すべし。責任の分散を図るのが目的である。上司も部署の成績を重視するあまり、部下に結果だけを求めるのはタブー。過程を軽視したり、結果を急いで粗っぽい手を使う危険性もあるからだ。

研修講師をやっていると、時にこの台詞を平然と吐く人事・教育担当者がいる。私だけへ言っている分には良いが、参加する社員が聞くとどう思うだろうか。結果には原因がセットになっており、両面から検証すべき。「良い結果を出すのに、どう工夫している?　課題はないか?」が、デキるマネージャーの声掛けである。

コア・コンピタンス

和訳すると 企業競争力の中核を成す得意分野

企業の新卒面接に立ち合った時、「わが社のコア・コンピタンスは○○ですが、あなたのコア・コンピタンスは？」を繰り返す人事担当者がいた。言葉の知識を探ったのかもしれないが、これは明らかに行き過ぎ。お粗末な発言は、企業イメージの低下にもつながりかねない。

ありがちなやり取り

面接担当者と応募学生の会話

面接担当者「●●さんの長所はどこですか」
学生「元気があるところです」
面接担当者「もっと具体的に話してくれませんか」
学生「どんなことにも、めげないで立ち向かう点だと思います」
面接担当者「それが当社に向く性質だと思いますか」
学生「そう考えています」
面接担当者「ウチのコア・コンピタンスは『挑戦』なんですよ」
学生「……」
面接担当者「意味がわかりますか？」

問題点

「COMPETENCE」は本来、能力や適性を意味する名詞。ここから考えると、「あなたの長所は?」「何が自分に合っているか?」の解釈でも間違いではないだろう。しかし、人に当てはめるのは不適切と見る向きもある。前記のように、人を試すように使う場面は意外と多く、応えに窮した学生を落とす企業もある。そう言うことで人選を進めるのはいかがなものかと思うが。

対処法

「コンプライアンス」「ソリューション」と並んで、エリートを自認するビジネス人が多用する。「正確にお答えしたいので、今回の場合の和訳をご教示のほど」と、直球で質問して認識の溝を埋めよう。流行り英語の乱発は軽薄さを醸し出すだけ。中でも、この「コア・コンピタンス」は一般的にもなじみがなく、発言者の自己満足(自慢?)の何物でもないだろう。

私も最近聞かれたことがある。「吉野さんのコア・コンピタンスを挙げると、何になりますか?」。本当に意味が不明だったので、「わかりません」と答えたら、「ご自分のコアピぐらい、おわかりでしょ」と言われてしまった。「向いていることは何ですか」と、非常にわかりやすく聞いて欲しかった。

コンフリクト

和訳すると 矛盾、不一致、紛争

「君の意見は聞いたが、いくつかコンフリクトが見られるんだよねー」。整合性のとれていない点があることを言いたいのだろうが、ネイティブは決して使わない。私も最初、思わず「コンクリート?」と聞き返してしまったほど。耳障りな単語だと思う。

ありがちなやり取り

友人同士の会話

A「さっきから聞いていると、どうもわからないところが多いね」
B「えーっ、どういうところ」
A「まず、言っていることのつじつまが合っていないよ」
B「きちんと話しているんだけれどね」
A「そう思っていること自体、問題だね。コンフリクト・トークって感じ」

B「???」

問題点

元々は「コンピューター内部の管理機能がうまく稼動せず、正常に動かない状態」を表した技術者用語が広がったと見られるが、ここまで来ると「過剰表現」だろう。無配慮に使うと、それこそ揉め事が起こる。

「アジェンダ」「コンヒューズ」「サーベイ」などと同様に、使えば良いと言ったものではなく、わかりやすい日本語で相手を尊重しよう。

対処法

意味がわからなくても全然おかしくないと思う。「コンクリート」だけではなく、「フォークリフト?」「コーンフレーク?」といぶかし気に返したらどうだろう。英語を乱用し、相手を圧倒しようなんて姑息な手段だ。

最近知り合ったイベント会社の社長は、「レベニュー・シェア」を連発していた。収入の案分を意味していたとは思うが、こんな言い回しをする人は初めて見た。これだけではなく、「コンストラクション」や「ナビゲーション」など、意味もなく英語を使う。これは聞き手を惑わすだけではなく、不安感や不快感をいだかせる点にまったく気付いていないのだろう。前にもふれたが、できるだけ、日本語でわかりやすく説明する義務が話し手には存在する。

19 コラボしない？

和訳すると 力を合わせて、一つのことを成就する

六本木のバーで会ったバリバリの業界人、私の姿を見付けるやいなや、「久しぶり～、吉野ちゃん。面白い企画で今度コラボしようよ～」。遠慮しておきます。イイところ取りされた挙句に、自分の発案のように言い触らすので。「サラバしない？」と言いたくなる。

ありがちなやり取り

業界人と私の会話

業界人「しばらく～」
私「お元気そうですね」
業界人「今度、仕事、一緒にしようよ～」
私「機会があれば…」
業界人「なんかコラボしようよ～。アライアンスっつうの一」

私「本当に、機会があれば…」

コラボしない?

問題点

コラボはコラボレーションの略で、共同や協力を意味する。アライアンスに似た言葉だが、コラボには「軽蔑的に敵とも手を組む」の解釈も。いずれにしても、双方の利害が一致した時に使うもので「略奪」は誤訳だ。最近は、コラボと称して、「相手の良いところをとろう」と企てる悪者も少なくない。この言葉が口をついた瞬間、その相手を警戒した方が無難だ。

対処法

虫のいいことを考えているのは明白だから、こちらも「目には目を」作戦。「他にもコラボ希望者がいるので、コンペ(コンペティション=競争)でよろしく」。所詮はメッキ男。自信がないので、悪態をついて去っていくだろう。もし心からコラボレーションしたいなら、「こういう企画があるんだけれど、○○さんには△の部分でお力添えして欲しい」。または、「◆をやりたいんだけれど、こちらで資料を揃えるから、一度打ち合わせをお願いしたい」ぐらいは礼儀であろう。

私のところへも、「コラボ・セミナーをやらない?」と言ってくるケースがあるが、全部お断りしている。テーマがはっきりしない上に、告知・集客をこちらへ委ねること見え見えだからだ。賢い人は「ジョイント」「協働」を使う。

コンセプト

和訳すると
基本となる考え方や仕組み

打ち合わせで、必ずと言っていいほど出る単語。主旨と目的を示すものだが、最近は面接などで、「あなたの人としてのコンセプトは？」なる質問も目立つらしい。言葉自体に嫌味はないが、活用範囲の歪んだ広がりで本来の意味が風化している。

ありがちなやり取り

プレゼンテーション上での会話

A「今回のプロジェクトの基本的指針をご説明ください」
B「●●と▼をもとに、◆がコンセプトです」
A「指針をお聞きしているのですが」
B「ですから、コンセプトは◆です」
A「あなたの言うコンセプトとは、何を意味しますか」
B「そうですね、企画内容でしょうか」
A「指針をお話し願えますか」

問題点

英訳すると「概念、観念、考え」を示すこの単語、一般的には「IDEA」を類義語にもする。「基本的な考え方」と「アイデア」では認識が異なるため、双方の発言にずれが生じるケースも少なくない。

「コンセプト・ワーク」といって、基本的構成を構築する作業を示すものがあるが、これは意味上、かなり正しい。

対処法

「コンセプトを説明して下さい」と言われたら、「コンセプトは『主旨と目的』を示すものと考え…」で始める。指摘される前に手を打って、あいまいさやずれを払拭してしまうのだ。会議や打ち合わせで「コンセプト」を乱発すると、非常に軽薄に聞こえる。

最近は日常会話でも使われる場面が目立つ。「キミと●●へ一緒に行きたいんだけれど」「いいけれど、そのコンセプトは」など…。一見、恰好良く聞こえるから使っているのかもしれないが、私に言わせれば「無知丸出しの英語かぶれ」。単刀直入に「どうして」「なぜ」「目的は」と聞いた方が、何とすーっといくことか。冒頭に挙げた「人としてのコンセプト」は論外だが、意外と少なくないというから呆れてしまう。せいぜい「理念」や「方針」が適切だろう。

コンプライアンス

和訳すると
法令順守の管理体制

「そこのところ、ちょっと大目に見てよ」「そうはしたいんですが、最近はコンプラがうるさいんで」。生き馬の目を抜く企業間競争の下で、ひそひそと交わされる会話。単語の略し方にセンスのなさを感じるので、テンプラ（外見は同じだが中身は違う）と揶揄されないように。

ありがちなやり取り

コールセンター員と客の会話

客「えーっと、夫がカード番号を忘れちゃったんだけれど」

コールセンター員「お知りになりたいと言うことでしょうか」

客「すぐ知りたいんで、教えてもらえますか」

コールセンター員「ご本人様でないと、お教えできないんです」

客「私は妻だからいいでしょ」

コールセンター員「それはコンプライアンス上、できかねます」

客「コンプラ…？」

コールセンター員「ですので、ご本人様からご連絡を…」

問題点

英語では、「人の言いなりになる」や「追従する」など軽蔑的に使う場合がある。法令ではなく、傍若無人な独裁者の下僕と化したさまさえ表わす。ロボット人間と見下される場合もあり、無闇に出すものではないと思う。

やたらと「コンプライアンス」という言葉を出して、客の要求・要望を拒絶する傾向もままある。「どうしてそうなのか」を明確にすべきだ。

対処法

一種の未然防止語で、もっともらしく聞こえるから性質(たち)が悪い。「〜なので」で押してきたら、「〜だから、○○がどうなる?」と話の展開をねじれさせる。「過去に事例がない」「決まっていたこと」にも応用できるだろう。

「コンプライアンス」にかこつけて、情報公開を拒んだり、無意味に手間をかけさせたりするのはいかがなものか。企業だけにとどまらず、個人でも誤用するのがいるから驚く。最近あったケースは、「名刺に住所が書いてありませんでしたね。資料を郵送したいので、教えていただけますか」の私の問いに、「コンプラで教えられません。メールで送ってください」と中年ライター。ここまでくると警戒心なのか、猜疑心なのかわからなくなる。理由さえ言ってくれれば済む話なのに。

22 後日対応します

正しい使い方 明日の早めに、最新状況をご連絡します

怒っている人は、問題をすぐ解決することを望んでいる。待たされるのは、相手にとっては腹立つことだ。ある会社では、電話を保留にしてから15秒でアラームがなるように設定している。そうすると、社員はあわてて再度電話に出る。つまり、電話で待たされるなら、「15秒が限界」と話す企業は多い。

ありがちなやり取り

資材メーカーの営業部に電話がかかってきた

客「実は、今日の午前中に御社から商品が納品されるはずだったのですが、昼を過ぎてもまだ届かないんですが」

担当者「申し訳ございません。担当が、あいにく明後日まで海外出張でございまして、すぐには連絡が取れません。後日対応させていただきたいのですが……」

客「誰か、他にわかる方はいらっしゃいませんか？」

担当者「あいにく、■■でないと御社の納品についてはわかりかねますので、後日対応させていただくということで……」

客「後日って、いつなの？　今日じゃなければダメなんだ。後日なんて無責任だろう」

後日対応します

問題点

「後日」「もうしばらく」は、いったいどのくらいの時間・日数なのか曖昧だ。解釈は人によって違う。「明日」だと思う人もいれば、「一週間後」「半月後」と捉える人もいる。こんなに中途半端で、しかも若い人同士が使う軽い言葉でクレーム対応したら、小火だったものが大火事になってしまうだろう。

対処法

期限が定められていないと、相手は一層腹を立てる。だから、この場合は「状況を確認して、本日の17時までに一度お電話を差し上げたいと思うのですが、よろしいでしょうか?」と具体的に期限を切ることが大切。そして、約束した日時までにわかったことを報告する。その時点で問題がすべて解決していなくても良い。どこまで進んでいるのかを伝えることが大事。「まだ決定に至らないから連絡しない」「決まったら連絡すればいい」と考えている人も多いが、それは間違い。相手は連絡してこないことに対して怒る。連絡を怠ると、相手は「自分のクレームは放ったらかしにされている」と解釈するのだ。

こういうことはままあります

正しい使い方 よく起りがちでありますが

加害者が使う言葉ではない。被害を受けた方が「こういうことは、ままありますよね。だから仕方ありませんよ」と理解を示す時に使うべきフレーズだ。無責任ともとれるフレーズなので、決して使わないこと。

ありがちなやり取り

会議室で外部の協力会社との会話

担当「実は、今度の新製品のＰＲイベント、予算の関係で中止になってしまったんです」

協力会社の人「えっ？　だって、司会者もコンパニオンもすでに手配済みだし、参加したお客様に配る販促用のグッズも来週にはできあがってきますよ」

担当「かかった分の費用はお支払いしますから」

協力会社の人「そりゃ、もちろんですよ。でも、お金を払えば済むものじゃないでしょう」

担当「そう言われても仕方ありません。でも、こういうことはままあります」

協力会社の人「企画したあなたがそういうのはおかしいでしょう！」

こういうことはままあります

問題点

加害者が使うと、相手に「この程度の問題は、氷山の一角ですから騒がないでください」と告げているようなもの。「そんなにクレームの多い会社なのか」との印象も与えてしまう。イレギュラーやトラブルが常態化していて、解決能力がない企業なのだと思われても仕方ない。ままあることだろうと何だろうと、相手は問題をすぐに解決したいのだ。

「不可抗力ですから、どうしようもありませんよ」と言いたくて、その場しのぎで使う場合があるかもしれない。予測できないトラブルは起こりうるが、事前にそれへ備えておく必要がある。

対処法

同様のフレーズに「人間ですから、ミスもしますよ」「大したことじゃないですよ」がある。前者に対しては「それでミスした後はどうするの?」、後者へは「大したことかどうかは、お前たちが決めることじゃなくて、被害に遭ったこっちが決めるんだよ」と返されてしまう。こちらは何も反論できない。

言い換えるフレーズはないが、あえて使うなら「過去にも同じような事例がありましたが、その時はこう対処させていただきました」ぐらいだろう。

サプライズ

和訳すると

驚かす、驚くべきこと、思いがけないもの

「〜人事」「〜演出」「〜ゲスト」など、猫もしゃくしも使い始めた軽薄語。しかも、事前にこう言っておくから驚きとも何ともしない。ひと昔前の二代にわたる首相辞任こそがサプライズであり、誰もその時まで知らなかったケースだけに用いるべきだろう。

ありがちなやり取り

カップルの会話

彼氏「今日は映画に行こうか」
彼女「えーっ、またー」
彼氏「じゃあ、サプライズでライブハウスへ行こうか」
彼女「誰のライブ？」
彼氏「だから、サプライズだよ」
彼女「別に驚かないかもよ」
彼氏「サプライズ・ゲストもいるんだよね…」

問題点

感情動詞の一つで、「SHOCK」や「AMAZE」を使う場合もある。これらがマイナス事態を表しがちな一方、サプライズは朗報に近いもの。使い方を誤ると、「流行りの言葉でウケようとして」と失笑を買う。「今度の打ち合わせはサプライズですよ」と言ってきた広報がいたが、中身はいたってありきたりだった。人を惹き入れるフレーズとして使ったのだろうが、効果はまったくなかった。

対処法

気持ちの準備ができていれば、当然ながら衝撃度は低くなる。乱発へ食傷気味になったら、「サプライズって言うから、すでに想像してサプライズしちゃいましたよ」と皮肉たっぷりに口撃する。

このフレーズはたいてい、聞き手から小馬鹿にされるので、使用は控えた方が賢明だと思う。どうせ言うなら、「驚かれるかもしれませんが」や「意外と思われるでしょうが」、「びっくりさせて申し訳ない」などの言い換えとしたい。

私の知り合いに「サプライズ」を毛嫌いしている人がいて、それを言った人間とは絶対に付き合わない。極端な話かもしれないが、そのぐらい、癇に障るフレーズである事を知っておいて欲しい。

従来より

正しい使い方
現在にいたるまで

政治家の答弁や管理職以上のご高説、理屈好きな研究者に「愛用者」が散見する。「今までは」「過去を見ていくと」で済むものを少し難しい単語を使えば、それなりに聞こえるとでも思っているのだろうか。しばしば、「従前」の表現で困惑させられる時もある。

ありがちなやり取り

政治家の答弁

質問者「今回の問題は、放置期間が長すぎると思うのですが」
答弁者「長い、短いはどういう定義で決まるのですか」
質問者「少なくとも、1年以上は長いと認識しています」
答弁者「従来より、課題の根本的解決には十分な審議が必要です」
質問者「それとどういう関係があるんですか」
答弁者「過去を見ても、従来より平準で1年以上はかかっています」
質問者「従来にこだわる決まりはありませんよね」

従来より

問題点

「従来」は「これまで」を示す名詞だから、動作や時間の起点を意味する「より」がくっ付くのはおかしい。「これまで・今までより」となり、比較・選択基準を表す使用法へ変わってしまうからだ。よって、「より」は不要な格助詞。重複表現は意外と使われており、最近聞いたものだけでも「過ぎ去った過去」「重さが重い」「誤ったミス」。聞き流してしまいそうだが、表現上は何とも格好悪い。

対処法

「馬から落馬」や「頭痛が痛い」、「製造メーカー」にも相通じる重複表現。「そこまで丁寧におっしゃられなくても」とかまし、正しい用法を私は教えることにしている。聞くは一時の恥、聞かぬは一生の恥。こういった表現は、本人がそう思い込んでしまっているのでズバリ指摘し、改める方向へ持っていくしかない。しかし、言い方が問題で、いきなり「その言い方は間違っている」と言っては角が立ちかねない。会話の中でこちらから言いなおして、気付かせるのが配慮の一つだと思う。

読み間違いも同じ。私の知り合いに「長丁場」を「ちょうたんば」（正確には「ながちょうば」）と言い続けていたのがいたが、何度か正しい読み方を発信していったら、やっと改善された。人の話はじっくり聞いておくと、「福」が待っている典型例である。

自分で言うのも変ですが

本心 他人から言ってもらえないけど

商談などで、中々自分のことを聞いてくれない相手へ、唐突にこう切り出す場面にいくどとなく出遭った。続くのは自慢か意味不明の言い訳。後者では「真っ直ぐな性格なので、そろそろ結論を出して下さいよ」に驚いた。

ありがちなやり取り

商談での会話

取引先「この前の商品、使い勝手があまり良くないんだよね」
営業マン「そんなことはないと思うんですが」
取引先「そんなことがあるから言ってんのよ」
営業マン「具体的にはどういうところでしょうか？」
取引先「システム稼働が遅いんだよ」
営業マン「なるほど。自分で言うのも変ですが、あの商品は抜群ですよ」
取引先「他人が言うと、あれは変なんだよ」

自分で言うのも変ですが

問題点

「変ですが」の後にプラスの話はまず来ないはず。いかにも「第三者には言ってもらえない」現実を露呈しているし、「変」が相手に違和感をいだかせる。類義フレーズに「私が言うのは何だけど」や「手前味噌るけど」。

これが口癖のデザイナーを知っている。ある時「他人が言えば正しいのかよ」とたたみこまれ、「第三者が言うのも変ですよ」と返してきたという。

対処法

「それなら言うなよ」では身も蓋もないし、売り言葉に買い言葉となる。一応は全部聞いて、「それ、他人からもよく言われているんでしょ。別の機会にも聞かれるよね」と皮肉をこめ、気勢をそぐ手法で封じこめる。元々、不細工な表現なので、頻繁に発言している人は要注意。発言の重みがなくなるし、「この人は、周辺から評価を受けていない」とみなされる危険性が高くなるからだ。

一見、へりくだった言い方ではあるが、逆に捉えれば「あなたが言わないから、言いたくはないけれど、私が発言している」と解釈されることさえある。いずれにしても、「大人のコトバ」とは言えないので、「私の見解としては」「当方の認識では」としっかりした表現を使うべきだ。

スペック

和訳すると
仕様(書)

この単語、私の持っている英和辞典には載っていなかった。『カタカナ新語辞典』(学習研究社)によると、「『SPECIFICATION＝明細書、設計書、仕様書』の略」の記載。「今回の企画スペックは?」と軽々しく使う輩で、どのくらいがこの事実を知っているだろうか。

ありがちなやり取り

打ち合わせでの会話

A「今度やる企画商品、進捗状況はどうだったっけ」
B「ちょっと時間がかかって、あまり進んでいないんですよね」
A「どの段階？」
B「スペック作りの段階です」
A「スペックって、企画書の意味？」
B「企画書はほぼできているんですが、設計図が…」
A「設計図がスペックなのか？」

スペック

問題点

「コラボ」や「プレゼン」、「プロフ」にも同じ傾向があり、略せば略すほど本来の意味から遠ざかっていく気がする。特にスペックはメーカーがよく使うものなので、「新年会のスペックは?」と場違いな使用は鼻先で笑われる。

あと、最近よく聞くのが、「今年の新卒採用者のスペックは?」なるもの。人をモノのように表わすのも品がないことこの上ない。

対処法

発言者がどういう意図で用いているのかがわからないので、遠回しに内容を限定する段取りが必要。「スペックの1位指名はどれにしますか? 当たらなかった時の外れ1位は」と少しは茶化して聞き出す。しかし言ってみれば、気障で無粋なフレーズなので、右から左へ流すのが良いのかもしれない。

他の英語と共通して、片仮名にすれば、何となく「仕事をしているような気分」になる類のもの。聞いている方は「まただ」と思うだけだから、「スペック」であれば、冒頭に記載したように「明細書、設計書、仕様書」などの表現を使うべきだと思う。中でも、「仕様書」は使われる場面が多いので、表現をこれに統一し、相手へ丹念に説明していくのがマナーの一つである。

すいません

クレームにただただ「すいません」を繰り返す無為無策。さらに、「そんな謝り方、ねえだろ」と突っ込まれる。「ごめんなさい」「悪かったです」とつい言ってしまい、沈没するビジネス人も後を絶たない。

正しい使い方 すみません

ありがちなやり取り

居酒屋の店内で客と店員の会話

客「昨日、この店に来たんだけど、態度の悪い店員がいてさあ」
店員「それは、すいませんでした」
客「『すいません』じゃないよ。注文したものは中々出てこないし、やっと持ってきたと思ったら、テーブルの上にガチャンとぞんざいに置くし。」
店員「すいません」
客「『すいません、すいません』って、自分たちが悪いって思っているなら、払ったカネの半分くらい返してもらいたいよ」
店員「いえ、それは……。上の者とも相談しなければなりませんし……。すいません」

すいません

問題点

そもそも「すいません」なる日本語はない。正しくは「すみません」。たまに「ごめんなさい」と謝罪する人がいるが、子どもがいたずらをして、親に謝っているような言葉。ビジネス上では幼稚な拙い表現だ。交流が深い相手ならいいかもしれないが、初対面の人やクレーム処理の時に使ってはいけない。失敗したこと、トラブルに対して謝るなら「申し訳ございません」が適切だ。

対処法

最初に謝ってしまうと、全面的に非を認めたことになる。話が進んでいくうちに、あれこれ言い訳し始めてしまうと、相手は「最初に謝ったくせに、何で言い逃れするんだよ」と怒りを増幅させる。

時々、電話を保留にする前に「担当者に代わります。すみません」と言う人がいる。このフレーズが口癖になってしまっている人は多い。だが、こちらに少しでも非がある場合は、決して使わないほうがいいフレーズだ。謝罪するのなら「○○については申し訳ございません」「○○についてお詫びいたします」と言うべき。自分たちに非がある部分は潔く認めるが、そうでないことに関しては、安易に謝罪の言葉を出してはいけない。

ゼロではない

本心
可能性はほとんどない

執拗に食い下がる売り込みに「ダメ」の一言が発せず、気の弱さも手伝って「可能性がまったくないわけではないのですが」で収束を図ろうとする。しかし、言われた方は付け入りどころができたとほくそ笑む。

ありがちなやり取り

交際を申し込む男性と、女性の会話

男「あの一、あなたのことが好きで付き合って欲しいんだけれど」
女「いきなり、そう言われても」
男「この気持ち、どうしようもないんだ」
女「今、好きな人がいるし…」
男「でも、付き合っていないんでしょ」
女「そうだけれど…」
男「じゃあ、僕と付き合ってくれる可能性はゼロじゃないんだよね」
女「確かにゼロではないけれども」

ゼロではない

問題点

相手を傷つけない目的でも使われるが、大半はその場しのぎのまやかし語。類義フレーズに「五分五分」や「100%とは言い切れない」などがあり、いずれも逃げ道を発言者は作っている。しかし、1%も100%も確率に他ならない。

右の場合、可能性はほとんどない。「好きな人がいる」と発言した上に、「ゼロではない」とダメ押ししているからだ。

対処法

どっちつかずで期待を持たせる発言に、不安感を募らせるのは馬鹿らしい。可能性がまったくないのかどうかを確かめる意味で、「ということは、マイナスはあり得ないわけですね。あー、本当に良かった」くらいの突っ込みが欲しい。言われる方は、自分に都合が良い方に相手の発言を解釈する。右の場合も、男は「少しぐらい、可能性はあるんだ」と思ったはずだ。

結果的に相手の気持ちを弄ぶのはあまり良いことではないので、物事は明言・断言すべき。「(お付き合いは)できない」と言うべきであり、「今は無理」や「難しい」などと相手に含みを持たせる表現は避けよう。「今は無理だが、将来は…」「難しければ、何かを解決すれば…」とも取られかねないからだ。

セカンド・オピニオン

和訳すると 他の人の意見

ここのところ、よく耳にする言葉。「反対意見」や「異論」、「批判的見解」を英訳し、雰囲気をまやかすものと見る。政界や医学界では以前から使われていたようで、「抵抗勢力への挑発語」とのこと。一般的には馴染み薄いものの、何となく流行りそうな予感。

ありがちなやり取り

上司と部下の会話

上司「例の案件はどうなった？」
部下「じっくり検討しています」
上司「そろそろ締め切りも近いんだ」
部下「いろいろな意見も取り入れたいんですよ」
上司「どこかで見切らないといけないぞ」
部下「セカンド・オピニオンも重要ですから」
上司「？？？」

セカンド・オピニオン

問題点

「ヴァージョンが違う」「価値観の差」などが類義フレーズ。意見はいろいろあっていいと思うが、結論出しに混迷をもたらすのはやめて欲しい。オピニオンには「意見・考え」だけでなく、「評価」の意味もある。先日、セミナーの打ち合わせをした際、「夕刻よりも午後に開催した方が良いのでは」の私の発言に、「皆さん、セカンド・オピニオンとしてはどうですか」と発言した女性。全員がポカンとしていた現実は見逃がせない。

対処法

反対意見なのか、建設的助言なのかを見極める必要がある。数が多くなれば後者に収斂していく可能性が高まるので、「サードもフォースもどんどんよろしく」と太っ腹を見せかけて、刺客のいきがりを摘み取ってしまう。

先に述べたように、元々は医学界から発生したフレーズなので、一般的に乱用するものではない。よって、発言したくても、「他にご意見はありますか」「違うお考えがある方はおっしゃって下さい」と正攻法で表現するのが良いと思う。

ある会議に出た時、実際にセカンド以降でいろいろな意見が出過ぎた挙句、無駄な論戦に発展したことがあったので、議事進行役は下手に「セカンド・オピニオン」などと刺激的な言葉を使わないのが賢明と感じた。

31

ソリューション

和訳すると
解決法、解答

不満と不安、不定を解消するところに新しいビジネスが生まれるし、人材育成のポイントもここにある。ソリューション・ビジネスを標榜する企業も目白押しだが、「弱点を見付ける」が行き過ぎ、「弱みに付けこむ」小悪党もうごめき始めている。

ありがちなやり取り

営業マンと営業先

営業マン「当社は●●を売り物にしておりまして…」

営業先「もっと詳しく説明してくれないかな」

営業マン「まず、お客様の不満と不安を解決するのが一義であります」

営業先「ウチの場合はどうなの」

営業マン「私から拝見すると、▼と◆が課題ではないかと」

営業先「合っているんだけれども、それをどうしてくれるの」

営業マン「そこがポイント。ソリューション・ビジネスが理念なんですよ」

問題点

ソリューション・ビジネスと言えば、医者や弁護士、教員だってそうだろう。この人たちがそう使わないのは、自己解決能力を持ち合わせているからだ。他人の課題・悩みを解決するには、自分でも十分にできる資格と能力がいるだろう。

「ソリューション・ビジネス」を強調する人に限って、その解決法を具体的に説明、実行できないのが目立つ。言葉の先走りとはこういうことを言うのだろう。

対処法

「医者の不養生」とはうまく表したもので、人にはとやかく言えるが、己はからっきし貧相では説得力が皆無。「ご参考までに、自己ソリューションを披露して下さい」。舌先三寸のコンサルタント気取りは即応できず、場当たり的な脆弁で身を滅ぼす。

今は廃業したが、「ソリューション・エージェンシー」と謳い、人材コンサルタントを手掛けていた50歳代の男性がいた。問題となるのは一点。相手の課題がはっきりわからず、それこそ「ソリューション」の要諦がわからなかったところ。人の課題・問題を解決するには大きな責任を伴う。よって、安易に使う言葉ではないし、ましてや現実に沿わない解決策を押し付けるのはもってのほか。まだ「解決にお力添えします」の方がましだ。

それでですね

正しい使い方 それでです

これは、「あの……」「えーと……」と同じで、聞いている方は耳障りで神経がささくれ立つ言葉。幼稚で軽い印象、真面目に対応していないイメージも与えてしまう。「えーとですねー」も同じで、大人のきちんとした対応ではご法度。

ありがちなやり取り

取引先と経理部の電話での会話

取引先「あのさあ、この請求書の数字、間違っているんじゃないの？」
経理部「いえ、確かにその数字で合っていますが」
取引先「間違っているって言ってるだろ」
経理部「いえ、確かに合っていますので。上司にも確認してもらいましたし。それでですね、ご入金の方は、来月の末でよろしいでしょうか？」
取引先「ふざけるんじゃない！　その前にもう一度計算し直せよ！」

問題点

人間には視覚・聴覚・嗅覚・味覚・触覚の「五感」がある。それぞれの感覚が刺激を受けることによって、目に焼き付いたり・耳に残ったり、匂いを感じられたりする。クレームを付けてくる人は言葉へ敏感となっているから、余計に聴覚を刺激されやすいのだ。ただでさえ耳障りなフレーズを使うと、二次〜三次災害を招く危険性が高い。特にクレーム対応の場合は電話でやり取りすることが多く、耳だけが頼りになるので普段以上に癇に障る。決して使わないことだ。

対処法

このケースでは相手のクレームを解決しないまま、自分の言いたいこと（入金の確認）を話し始めてしまったため、さらに相手を怒らせてしまった。

「それでですね」を分解すると、「それで」＋「ですね」。この「ですね」が幼い印象を与えてしまう要因だ。「〜ですね」も「〜です」と言い切ることが大切。相手に内容を確認したいなら、「こういうことですよね」ではなく、「ここまではよろしいですか？」「確認いたしますが……」と言うようにしたい。

〜だけは伝えておきます

「できるならクレームに関わりたくない」の気持ちが見え隠れするフレーズ。「伝える」だけでは意味はなく、解決するのが目的。「伝える」ことに一義を置くのはタブーだ。

正しい使い方 〜へ○○を伝えます

ありがちなやり取り

営業部に取引先の人から電話だが、担当者は不在

取引先の人「さっき、おたくの担当が来たんだけど、頼んでいた請求書は持ってこないし、どういうわけ？」
営業部「申し訳ございません」
取引先の人「だいたいさあ、おたくの社員って、躾ができてないよね」
営業部「はい……」
取引先の人「はい、じゃなくてさ。ちょっとたるんでるんじゃないの？」

営業部「今、▽▽様がおっしゃったことだけは上司に伝えておきます」
取引先の人「何？　そのおっしゃったことだけって。ちゃんと伝えてくれるの？」

～だけは伝えておきます

問題点

このフレーズを使うと、相手は「電話を取った人が責任回避している」と解釈する。「あなたの話、とりあえずは伝えておくよ」と言っているように受け取られるからだ。ガラの悪い人だと、「あんた、名前は何ていうんだ？」「○○か。覚えておくよ。次はまずあんたに電話するからな」と返されて、その後、ずっとその人からクレーム電話がかかってきてしまう危険性もある。

対処法

担当者が不在の時は、まず、クレームの内容を正確に把握するのが大切。「～だけは」と言うと、相手は「担当者の名前を教えろ」と攻めてくるかもしれない。その場合は、「お話の内容がわからないと、適切な担当者をお伝えできませんので」とかわす。クレーム内容を聞きながら、相手の話を「○○ということでしょうか？」と丁寧に確認する。話を全部聞き終わったら、「その件は▲▲が担当しておりますので、今の話は必ず本人に伝えます。戻り次第、折り返しご連絡させます」と伝えるべきだろう。電話を取った人が無責任な態度を取ると、それ以降、会社全体が非難されることになりかねない。自分が在籍する企業へのクレームなのだから、自分の業務へ直結しない内容でも、まったく関係ないとは言えない。組織人としての当事者意識を持つことが重要だ。

ちっちゃなこと的な

本心 そう思っているのはあなただけ

「そんな些細なことで」「大したことないじゃん」と問題を小さく捉え、相手のことを考えない迷惑な人の常套句。認識不足が露呈している。

ありがちなやり取り

親と子の会話

親「●●！ そういうことをしてはダメじゃないの」
子「えっ、何？」
親「学校への提出書類、渡してくれていないでしょ」
子「あー、あれね」
親「あれねじゃなくて、早く出しなさい」
子「ガミガミ言わないでよ、すぐ出すから」
親「早く！」
子「ちっちゃな的なことで、すぐ怒るんだから…」

問題点

ビジネス的や企画的、プレゼン的…。何にでも「的」を付ける傾向は若手社員に結構多い。元々、「的」は「●●の側面から」「▼▼の様相で」をあらわすもので、「総合的」や「攻撃的」、「相対的」などがまっとうな使い方だ。前記のように、本来「ちっちゃいことで」と表現するところを、「ちっちゃなこと的」とは言わない。一種の流行り言葉なのだろうが、実に軽佻浮薄な感じを与える。

対処法

「ウチの会社的には、今回の企画は本格的に力を入れているもので、ビジネス的にも大きな期待を持っています。現在のところ、進行的に見て、円滑的にいっていると思いますので、今後ともなにとぞよろしくお願い申し上げます。なお、収益的な面は、再度検証していく考えですので、ご理解・ご了承的下さいませ」。

この文面、半年ぐらい前に私へ実際に送られてきたもの。よほど「的」が好きなのか、たった4行の文章に7カ所登場している。中には正しい使い方のものもあるが、この文章は行き過ぎ。ビジネスっぽさを出そうとしたのかもしれないが、逆効果で読みづらさや難解ぶりを露呈してしまった。「的」は断定調の強い言葉なので、できるだけ数を減らす方向で持っていきたい。

つうか

議論が白熱する会議の場。天敵の発言に「論点からずれているよね。つうか、会議の意図がわかってないっつうか」と一撃。挑発的な言葉に、軽々しい変形語も加わって、一触即発の雰囲気に。

正しい使い方

と言うか

ありがちなやり取り

会議での会話

A「先日の件、全然進んでいないそうじゃないですか」
B「いろいろあって」
A「みんな、いろいろあるわけで」
B「これから巻きを入れます」
A「つうか、今さら遅いよね」
B「……」
A「会議の意味がないっつうかさあ。しっかりやってくんないと」

問題点

意味としては、「言うなれば」（別の言葉にしてみると、「いわば」）が元々の形に近いと思われる。最近は「っ」を使った変形・流行りフレーズが多く、「それって…」（それは）や「めっちゃ」（めちゃくちゃ）、「めっける」（見付ける）などが具体例。中高生が使う分には許せる範囲だが、大の大人が乱発すると、実に軽々しく聞こえてしまう。言われた方は挑発されたようにも感じるので、使う場面へ留意したい。

対処法

マンション分譲や商品先物、株式の電話勧誘。これらの営業マンがよく使う傾向がある。「間に合っていますよ」「っつうか、今が買い時なんです」。ズバリこう言って断る。「と申しますか、大人の会話がきちんとできない人とは付き合いません。よりまして、お相手できません」。相手が黙った瞬間に、「これにて失礼いたします」と電話をそっと切ることにしている。

「つうか」はこちらの考えを否定するもので感じも良くないし、第一に「タメ口」の最たるもの。「ちょっと、お聞きになってください。●●とお考えかもしれませんが、本当のところは▼でして……。だから、◆……」など割と慇懃無礼に発言する手がある。喧嘩腰でもの申して、不穏な空気を作るよりはよっぽどましだろう。

デキる大人はこう使う！
恥かしく軽率な日本語 36

できなくはありませんが…

本心 見返り次第

本当はたやすくできるのに条件をつり上げ、高く取り引きしようと企てる時に使われる。ある中小企業経営者が町の有力者のところへ相談に行った際、「約1時間でこのセリフが70回くらい出た」という逸話には笑った。「考えておくよ」とともに、「もったいない語」と名付ける。

ありがちなやり取り

店員と客の会話

客「ちょっと、この料理に髪の毛が3本入っていたわよ」
店員「申し訳ございません」
客「すぐ作り直して、持ってきてよ」
店員「作り直しますが、すぐには…」
客「あと15分ぐらいしか、店にいられないのよ」
店員「できるだけ早くします」
客「すぐやって」
店員「できなくはありませんが…」

問題点

「言えなくもない」と同様、二重否定を使って、相手の出方を探る表現方法。これを〝駆使〟する輩は、自分から具体的な条件などを示さない。あくまで、相手が示したことでシラを切りたいからだ。表現上は「何とかできるけれど条件次第」、または「やっては見ますが、絶対的な確信は持てない」の解釈が成り立つ。あいまいな言い回しだけに、下手をすると水掛け論にもなりかねない。

対処法

発言者は「これで理解・納得するわ」と言わせたいわけだが、逆に「○○できないと、どうなりますか？」と問いかけられる危険性がある。ここで黙っていると、「自分で考えてよ」とたたみかけられるパターンも。「できる」なら「こうできる」。「できない」なら「●の理由でできません。ただ、ここまでならできます」とはっきり述べるのが正攻法。どっちともとれる中途半端な表現は誤解を生むし、トラブルの元になるので注意しておきたいところだ。

「わからなくもない」や「考えなくもない」、「話さなくもない」なども同様で、もったいぶっている上に居丈高な印象を強く与える。こうした表現は避け、ズバリ伝えるのがコミュニケーションのポイントだ。

どうすればよろしいでしょうか

正しい使い方　○○で構わないですか？

これを言った瞬間、相手に降伏したことになる、絶対に使ってはいけないフレーズ。相手に厳しい条件を言われた場合、「それはできません」と返すことができなくなるからだ。

ありがちなやり取り

デパートのお客様相談室での電話のやり取り

担当者「○○百貨店、お客様相談室の▲▲でございます」

客「さっき、そちらの玩具売り場で犬のぬいぐるみを買ったんですけれど、縫い目が綻びていて、そこから中の綿が出てきそうなの」

担当者「あの、綻びはどのぐらいの大きさでしょうか」

客「そんなこと、こっちには関係ないでしょ！とにかく、黙って代わりのものを持ってきてちょうだい！」

担当者「……どうすればよろしいでしょうか」

客「だから、早く持ってきて。本当に悪いと思うなら払ったお金も返してほしいわ」

どうすればよろしいでしょうか

問題点

「それなら、百万円を現金で持ってこいよ」「それはできません」「さっき、『どうすればいいでしょうか』って聞いたじゃないか。それなのに、できないって言うのか?」と身動きが取れなくなる。

クレームを付けてきた相手が大声で怒鳴ったり、早口でまくし立てたりすると、勢いに押されて、「つい口に出してしまうフレーズ」と複数の若手社員は話す。だが、「どうすればいいか」は被害者に聞くことではなく、加害者が「このように補償いたします」などと提案しなければならないこと。

対処法

こういう場合は、解決策を二つ用意しておき、相手に選ばせると良い。「代わりの品物をお届けするか、いただいた代金をお返しするか、どちらがよろしいでしょうか」などだ。人間は二つの選択肢を提示されると、そのどちらかを選んでしまう心理がある。「ラーメンとうどん、どちらがいい?」と聞かれた時に「僕はスパゲッティがいい」とは答えづらい。その心理を利用する。しかも、相手に解決策を選ばせるのだから、こちらから強要したことにはならない。

38

何も言わなくてもわかるだろ

本心 面倒をかけるな、俺の気持ちを推し量れ

言いにくい指示をしなければいけない場面で、ヒラ目上司が乱発するフレーズ。下手に発言し、その責任を問われる事態を回避するためのものだ。逃げ口上は「具体的には、何も指示していない。あいつが勝手にやった」。

ありがちなやり取り

上司と部下の会話

部下「●部長、先の件の決裁はどうなりましたか」
部長「あー、あれね。えーっと」
部下「書類もできているんですよ」
部長「どうなったかって、きみ」
部下「すぐにでも着手したいんですが」
部長「社内稟議が難しいんだよ。何も言わなくてもわかってくれよ」

何も言わなくてもわかるだろ

問題点

「暗黙の了解」や「以心伝心」、「あうんの呼吸」。これらは信頼で結ばれている関係だからこそ存在し得るもので、軽々しく使うのは無責任・不見識を表すと見ていい。「何も言わなくても…」は、「私に言わせないで、自分で想像しろ」の意味。あまり関わりたくない心情が表われたもので、決してプラスを生むフレーズではない。「何度同じことを言わせるんだ」にはまだ愛情が少しある。

対処法

ポカンとしてしまったり、平然と「わかりません」ではサラリーマンを勤め上げられない。「言っていただけると、もっともっとよくわかります」と毅然とした態度で。多少のヨイショは身を救う。こうした狡猾な防御策を取られないためにも、可能な限りは説明しておく必要がある。発言できる範囲を明確にし、きちんと説明する。相手の理解・納得を得るには、最低限はこれをしておかないと揉め事の火種となるだろう。

私がセミナーを頼まれた時のこと。こちらからはギャラは聞きづらいもの。と言って、後付けのわけにもいかず、「条件はどうなっていますか」と質問した。その際の主催者の発言。「お話ししなくてもわかっていただけるかと思いまして。1万円です。大丈夫ですか」。

全然大丈夫ではありませんでした。

なるほどですね

私自身は、不動産屋の営業電話で嫌になるほど聞いている。「利殖用マンションの…」「間に合っています」「なるほどですね」、「売却のご予定は」「ありません」「なるほどですね」。営業トークマニュアルに載っているとしたら、その企業で国語の授業をやらなければ駄目なのではないか。

正しい使い方

言っていることはわかりました

ありがちなやり取り

電話営業との会話

電話営業「本日はとっておきの商品をご紹介いたしたくお電話しました」
私「今、立て込んでいるんだけれど」
電話営業「お時間は取らせませんから」
私「儲け話か何か？」
電話営業「先物のご案内なのですが」
私「資金がないんだよね」
電話営業「なるほどですね。ご興味、ご関心は？」
私「ないですね」
電話営業「なるほどですね」

なるほどですね

問題点

「なるほど」は納得を示す、相づちを打つ感動詞。そもそも目上の人に使うものではないだろうし、確認を意味する「ですね」を合体させるのはおかしい。「私がわかったということでよろしいでしょうか」を意味する表現など支離滅裂だ。これが口癖の人は結構いて、実に耳障り。人の話を真剣に聞いているのかどうかと、心底疑ってしまう。軽く扱われているようで不快感がいつまでも残る。

対処法

「よろしくです」「どうもでした」と並ぶ「ちぐはぐ語」の代表例。話をそこで終えるのも手だが、『ですね』と言われましても…」と作為的に展開をねじれさす。黙っていたら、どこかの元首相のように「質問しているんだよ！」と制圧。こういう目に遭いたくなかったら、軽薄な表現は使わず、最低限「そうですか」。さらに言えば、「左様でございますか」や「これは失礼いたしました」を使用したい。

先日、「吉野さんのおっしゃることは『なるほどですね』と思いました」と、メールで書いてきた中年女性がいた。発言だけではなく、文字の世界にもと呆れたが、文末で二度びっくり。「先日のご指摘は『そうですかですね』」。よっぽど「ですね」表現が好きなのか知らないが、他人は好きではありません。

人間なんだから

失敗を攻め立てられ続ける中で、相手が理解・納得してくれる表現も底をつく。断末魔の叫びとして、「仕方ないじゃありませんか。生身の人なんですから」。言われた方は一瞬たじろぐものの、逆切れと認識してしまう。

本心 だから失敗しても責めないで

ありがちなやり取り

会社の先輩と後輩の会話

先輩「さっき頼んだヤツどうした」
後輩「まだ、やってないっすよ」
先輩「すぐって言っただろ」
後輩「そうでしたっけ？　聞いてないっすよ」
先輩「言ったよ、確かに」

後輩「聞こえなかったのかなあ？　まあ、人間のやっている事ですから」

問題点

フーテンの寅さんではないが、「それを言っちゃー、おしめえよ」。第一、確固たる理由になっていないし、「あんただってミスするだろ」との含みを匂わせる。類義フレーズに「人生にはいろいろ起こる」や「性格なんで…」。救いのない言い訳の最たるもので、ミスはあって当然の意識が垣間見られる。一理はあるが、ミスを防止することを考えるのが先決であり、安易に発言するフレーズではない。

対処法

発言者は「だから」の後に、「大目に見て」が主旨の一文をつなげ、場を収めようと企てる。しかし、それでは済まないケースも多いわけで、「同時に『人間として』はどうなんだ」と道徳・倫理観を強く問い質す。こんな攻め方をされるのはきつい。だからこそ、軽々しく使ってはまずいフレーズの一つだ。

確かに、人はいろいろな場面で過ちを犯す。その対処で評価されるのも事実だ。「人間なんですから」は一種の居直り・開き直りにも聞こえるし、「許されて当然」の甘えも多分に含んでいる。こう言う前に「申し訳ございません。今から、●を△でやります」とスピード感を入れ込んで発言するのが常道。ミスを帳消しにするには、謝罪と迅速な行動である点を忘れてはならない。

41

濡れ手に粟

正しい使い方
濡れ手で粟

「冗談から駒」と並んで、使い方がよく間違えられるもの。特にこのフレーズは間違って使われるケースが多く、当たり前のように使う人も少なくない。

ありがちなやり取り

営業マン同士の会話

A「取引先の紹介があったんだって？」
B「そうなんだよ。系列の会社でね」
A「どのぐらい紹介してもらったんだ？」
B「それがさ、10社も話を付けてくれたんだよ」
A「そりゃあ、すげえなあ」
B「どうして、そんなにうまくいったんだ？」
A「系列店を仕切っている役員にプレゼンしただけだよ」
B「まさに『濡れ手に粟』状態だな」

濡れ手に粟

問題点

会話の中にことわざや故事成語、四字熟語を頻繁に入れる輩は少なくない。ただ、使い方によっては効果が薄いし、ましてや間違っていたら恥の上塗りだ。「濡れ手に粟」は正確に表せば、「濡れ手で粟」。「ほとんど苦労せずに、やすやすと利益を得ること」を示すが、「濡れ手に」と遣っている人は相当目立つ。「冗談から駒」（正しくは「ひょうたんから駒」）や「山椒は小粒でもキリリと辛い」（同・ぴりり）なども同例だ。

対処法

知ったかぶりと思いこみ。この二つがビジネス上での評価を大きく左右するのは、まぎれもない現実だ。先の「濡れ手」もそうだが、本人は使ったことへご満悦なのだが、周辺は腹の中で笑っている。特にことわざは間違った言い方が意外と流布している傾向にあるため、活用したい場合は事前に調べておくことが不可欠。たった一言で信頼感を失うぐらい、バカげたことはないと思う。

先般、「●●へ行くのにかっこう付けて……（中略）……「いっちょういちゅう」にはなかなか進まない」と、私へ話しかけてきた社長がいた。「かっこう付けて」は「かこつ（託）けて」、「いっちょういちゅう」は「いっちょういっせき」（一朝一夕）。これだけでと感じるかもしれないが、言葉を粗末に扱う人と付き合う気にはなれない。

ネゴシエーション

和訳すると
交渉、折衝

ビジネススキルとしては非常に有意義なものだが、映画などの人質交渉作戦などを行う「交渉人」というイメージの影響からか、あまりにも大げさに感じてしまう。その反面、「ネゴる」などと略すと、途端に軽薄に感じてしまう不思議な言葉。

ありがちなやり取り

会社の同僚同士

A「3カ月後のイベント、予算がもう少しなんとかならないかな」
B「ウチも緊縮財政だから難しいんじゃない」
A「今回の責任者はC役員だろ」
B「前回もそうだったから、やりやすいんじゃないの？」
A「それが、中々話ができないんだよ」
B「キミのネゴ不足じゃないのか」
A「少し動いてみるか。ネゴがうまくいけば、予算も増えるかもしれないし」

ネゴシエーション

問題点

ネゴシエーションはどちらかと言えば、「交渉」の意味が強い。よって、先の場合、Aがその役に足りるのかという疑問がある。でなければ、いくらネゴしようと思っても、歯牙にもかけられない場合もある。これに似た言い回しが「オーソライズ」。共通認識になっているかを示す言葉で、ネゴ同様に「社内用語」でよく使われる。いずれも一つの案件を成立させるためには必要だが、下っ端が使うとなんとも滑稽である。

対処法

「私がネゴシエーターです」。先日、私のところへ現れた30歳代男性の第一声。何を大げさなと思ったが、本人は堂々と名乗っている。内容は、拙著をDVDにしたいとするもので、その依頼に来ただけだった。

別に制作や販売、ギャラ交渉するわけではなかったのだから、後で思い出し笑いをしてしまった。「ネゴシエーター」とは交渉者、小切手・手形などの譲渡者、裏書人のこと。単なる伝達人ではない。

「根回し」とも言われるが、それができるのは一定以上の役職者だろう。入社2、3年でこの言葉を使うと、「何を一丁前の事を言いやがって」や「基本を身に付けてからにしろ」と指摘されるのがオチ。使う資格がいる言葉だ。

43 ～の方は

正しい使い方
二つのうち、片方は…

「君はどこの大学出身?」の問いかけに、「一応、Aの方です」としたり顔で答える若手が後を絶たない。変てこな消火器を売るエセ業者が、「消防署の方から来ました」などとごまかすのとあまり変わらず、「大人の会話ができないオムツ野郎」と非難する中堅社員も少なくない。

ありがちなやり取り

会社の新人と先輩の会話

新人「今度、●部へ配属になりました▼です」
先輩「▼くんね。仕事はきついけれど頑張って」
新人「実は私、大学が◆の方なんですが、先輩も同じと聞いて」
先輩「確かにそうだが」
新人「◆の方の先輩がいらっしゃって、心強い限りです」
先輩「…の方は変じゃないか?」
新人「やはり、付けないと格好が付きませんので」

問題点

「方」は向きや部類、並び立つものの一つを示す。先のケースで、「A、Bのうち…」の解釈も成り立つが、「どこ?」の質問にはそぐわない。若い人が乱用する「一応」「いったん」「とりあえず」と並び、耳障りな贅肉表現の代表例だ。飲食店では「お料理の方はもうお済みでしょうか」としばしば言われる。発言者が違和感を持っていないとしたら、とても不思議な現象だ。

対処法

私がもし、「仕事の方は順調です」と誰かから言われたら、「へえ、家庭の方は順調じゃないの?」と返したくなるだろう。無意識なのか、やたらと会話に挿し込むコメンテーターがいるが、聞き苦しいので他山の石にしたい。

先日、こんな手紙が私のところへ舞い込んだ。「前略　先般のイベントの方ですが、日程が決まりましたのでお知らせ申し上げます。また、準備するものの方につきましても、下に記しましたので、ご確認をお願いいたします」。

はっきり言って、「方」は不要。冒頭で言えば、「出身は」の問いに「Aです」で十分だし、その方が印象強い。言い回しに変な引っかかりがなく、快活で明朗な感じを持ってもらえる可能性が高いからだ。

早い話が・・・

学校の朝礼時における校長の話、社長の年頭訓示、老人の想い出話、結婚式の来賓祝辞、遡ること何十年、聞いている方は苦痛以外の何物でもない。話の長い人に限って使うこのフレーズ。電子メールでも記載されているから、一種の「接頭語」なのだろう。

本心 これから、時間をかけて話します

ありがちなやり取り

社長と社員の会話

社員「社長、お呼びでしょうか」
社長「あー、先日のプロジェクトについてだが」
社員「何か問題でも」
社長「そういうわけではないんだが、変更してもらいたい点があってな」
社員「どのあたりでしょうか」
社長「早い話が……」　　30分は続く

社員「つまり、●を▼ということですね」

問題点

要点をかいつまんで、要領良く話す人はまず使わない。「結論から言うと」が決まり文句だ。一方、「早い…」常用者は時間をかけて、丁寧に話すのが相手への配慮と思っている。「早い」は「速い」ではなく飾りに過ぎない。「端的に言うと」「そう長くはならないが」などのフレーズにも要注意。暇つぶしなのか、少しでも多く人へ話したい良からぬ習慣がしみ込んでいる。

対処法

一生懸命話しているのに腰を折るのはいかがなものかと思うが、たたみかけるように、そして長時間話して圧倒しようとする人には、「私、『話が早い』(「早い話」をひっくり返す)の方が好きです」くらいのパンチを浴びせよう。この一撃をくらわないためには、どうせ長くなるのだから、「早い話が」などと言わず、「50分ぐらい時間をとって欲しい」や「少々、時間をもらうことになるが」と事前に告知しておくのがマナーだ。

半年前、ある交流会で「年をとってくると話が長くなるので」と、挨拶を約30分繰り広げた老人がいた。確かに前もって宣言してはいるが、2時間の会に30分の挨拶はご法度。話し足りなくても、周辺の様子を観察して、せいぜい10分で切り上げるべきだった。

話のスピードも遅かったから、最悪のパターンであった。

ビジョン

和訳すると
視力・視覚、理想像、見通す力

「今年度における当社のビジョンは…」。経営者の多くは、社員に向けて強くこう訴え始める。目標や夢を大きく持つのは素晴らしいが、裏付けになるものがなかったり、達成するための課題が不明朗では白けるばかり。虚ろにこだまする場面も散見する。

ありがちなやり取り

経営者と幹部の会話

幹部「今年度の事業計画指針をお話し願えますか」
経営者「まず、新規事業の本格化。これに尽きる」
幹部「何をどんな風に？」
経営者「当社のビジョンはチャレンジ。これが前提だ」
幹部「具体的には、どのようにお考えですか」
経営者「ビジョンに沿って、新商品を10以上出していく」
幹部「時期ですとか、体制は」
経営者「意欲の高い社員にやらせるのがウチのビジョンだ」

問題点

「理想像」を示すのにもかかわらず、「計画」や「予定」、「自分の思想」と解釈して延々と述べる輩も。「個人的な講釈はともかく、われわれは何のために・何をすべきか」を知りたいと愚痴る人達へ同情する。「とにかくやってしまおう」ではビジョンがまったくないと言われても仕方がない。目標から逆算して、「いつから・何を・どのように」を示せないとリーダーの資格は皆無に等しい。

対処法

「コンセプト」「スペック」と一緒に使われると、伝えたいことはいったい何かが不明になる時がある。「この中で最優先事項は何ですか?」の疑問を投げかけ、一つでも具体的な内容を引き出しておくのが自己防衛手段だ。

経営者や幹部は特にそうだが、「ビジョン」をわかりやすく説明できなければ、部下の信頼は中々得られない。これは一般的な関係でも同じで、「何のために何を目指すのか」を明示しなければ、一緒に仕事をしてくれる人はまずいないのではないかと思う。

ある飲食チェーンの経営者Aは「全国の郷土料理店を銀座に造る」と謳い、それに沿って出店を積極化している。一方、「儲かれば良い」を標榜する同・経営者Bは青息吐息。ビジョンの認識違いが大きく出た格好だ。

フェイス・ツー・フェイス

和訳すると 面と向かって、差し向かいで

「フェイス」は意外と使われており、「セーブ・フェイス（面目を保つ）も大切」や「フェイス・フォール（がっかりする）だ」も時々耳にする。「パソコンと一体化していないで、フェイス・ツー・フェイスを心がける」。新卒社員の研修で反復されるフレーズだ。

ありがちなやり取り

若手社員と先輩の会話

先輩「おい●●、なんだ、このメールは」
若手社員「声をかけにくかったので」
先輩「『今日の昼食はどこに行きますか』って送ってくるヤツがいるか」
若手社員「でも、みんなの前で言いにくいじゃないですか」
先輩「仕事では声掛け、対話が重要なんだ」

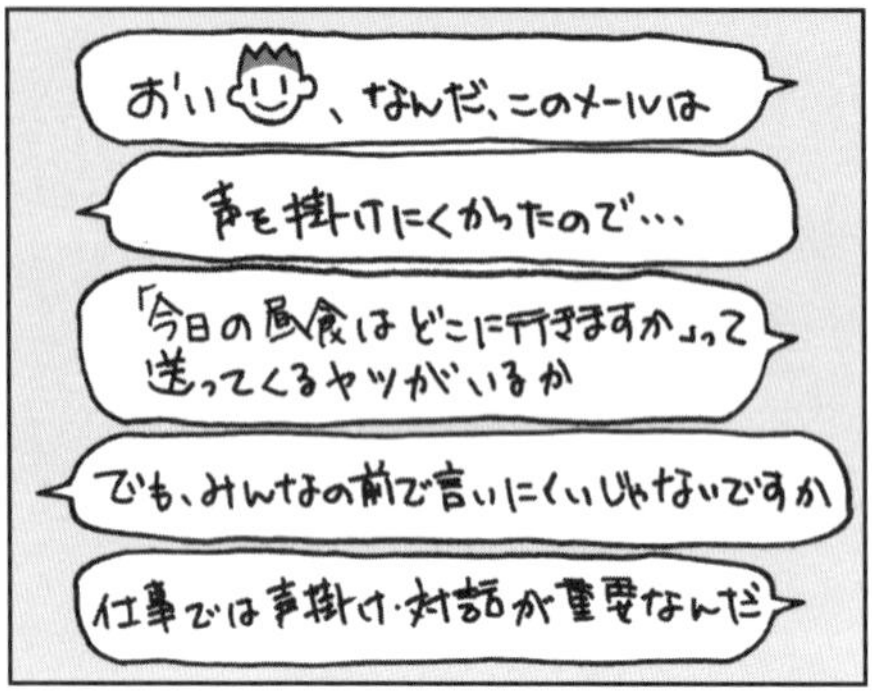

若手社員「やっぱ、メールじゃダメですか？」
先輩「基本はフェイス・ツー・フェイスなんだよ」

問題点

「対面」を強調する副詞で、MEETINGと同義に使う人もいる。一方、機械的な電子メールの送受信ではない意味で、電話のやりとりを示す誤用者も登場。それを言うなら、「マウス・ツー・マウス」か？　しかし最近は「言った・言わない」を避けるために、社内でもメールだけでやりとりするところもある。実際に見たが、キーボードをたたく音だけが鳴り響き、とても不気味だった。

対処法

会ってどうするか・どうすべきかが大事なところ。「～でご説明したい」と迫ってくる単なる暇つぶしには、「今、あわせる顔がないんですよ」と慌てた様子を装って逆襲。「面目ない」ととどめを刺す。これを避けるためには、目的と所要時間をはっきりさせることが重要だ。「●について、30分ぐらい打ち合わせを直接したい」で十分。フェイス・ツー・フェイスなどと言うと、言われた方が警戒してしまうし、「何を気取ってんだよ。先輩風吹かしやがって」と揶揄されることさえある。

メールの乱用が叫ばれて久しいが、基本は「会って話し合うこと」。メールは文字だけで冷たい感じが強いし、文章を書き慣れていない人のそれは、誤釈や曲解を生む危険性をはらんでいる。たいていの場合、会って話した方が早いと思うが。

47

弊社のルールですから

あくまでも社内だけのルールであって、大切な商談や相手からのクレーム時に使う言葉ではない。よく利用規約などや契約事項などにも使われている場合が多いが、この場合も一方的過ぎる感じを与える言葉だ。

本心 頼むから納得してくれよ

ありがちなやり取り

営業部にかかってきた取引先の会社との会話

取引先「実はお願いがあるんだけど。キミはよくやってくれているとは思う。でも、お願いしたことへすぐに着手してくれないから、無駄に時間ばかり食っちゃって、正直迷惑なんだよね。直接制作部の人と打ち合わせたいから、誰か紹介してもらえないかな」

営業部「(うろたえながら)えっ……。悪いところは改めますから、今まで通りに私を窓口としていただきたいのですが……。お取引先企業様の窓口は、営業部が一括して担当するのが弊社のルールですから」

取引先「おたくのルールって言われたって、そんなの知らないよ。法律で決まっているの？」

弊社のルールですから

問題点

「おたくのルールを押し付けるわけ？　おたくのルールに則らないといけないの？法律で決まっているわけ？」「勝手に作ったルールだろう？　そこまで言うんだったら、条例になっているんだろうな？」と、実際にこう突っ込む人がいた。自分たちのルールで、相手を従わせよう、押し倒そうとしているように感じるのだ。「弊社の」と言い表すことで会社をバックにちらつかせれば、相手は譲歩してくれるだろうと考えるのは甘い。余計に反感を買うだけだ。

対処法

「弊社のルールですから」と言う必要はまったくない。そもそも「ルール」は万人に適用される統一基準なので、個別的な「弊社の」が付くはずもない。「私が一次的な担当なので、お話を伺わせていただきます。当社にはこの件を専門に扱う部署もございますよりまして、その部署の課長○○に申し伝えておきます」「私がすべて窓口になるのですが、状況に応じて、より専門性の高い部署をご紹介いたしますので」と伝える。百歩譲って、どうしても自社のやり方に合わせてもらいたいのなら「これが弊社のやり方ですので、ご了解いただけないでしょうか」と頼んで見るのも一つの手だ。

本当のところを言うと

本心 そこまで言おうとは考えていなかったが

相手を気遣って、厳しい言葉をオブラートに包むことがある。それで察してくれれば良いのだが、中には鈍感なのがいて功を奏さずの場合も。そんな時、腹立ちまぎれに出るのが当フレーズ。「言いたくはないんだけれど」は類義に属する。

ありがちなやり取り

結婚したての夫婦の会話

妻「あなた、このメール何よ」
夫「えっ！　見たのか」
妻「ハート・マークの付いた女性からのメールなんて、ただごとじゃないわよね」
夫「友達なんだよ」
妻「友人がハート・マークを付けるの？」
夫「本当のところを言うと、元カノなんだ」
妻「本当の嘘をついていたわけね」

本当のところを言うと

問題点

「正直ベースで」や「実をバラすと」、「包み隠さずに言うと」に言い換えることもできるが、いずれも追い詰められた現実を表している。しかし、「では、今までは嘘だったのか？」「肝心な点をごまかしたな！」の逆襲も。

ある企業の広報担当者は、さんざん話をした挙句に、「本当のところは」と続けるのがパターン。「それなら最初から言ってよ」と陰口をたたく記者は山ほどいる。

対処法

ズバリ言ってくれれば、その結果に○×はあっても時間短縮が図れたのは間違いない。さらに、お互いの不快感も生まれなかっただろう。「それならまず、『本当ではない』点から説明して」と理詰めで返す。話の展開論を盾に奇襲を許さない手に出るのが最大の目的である。

こうした手に乗らないためには結論（事実）を冒頭へ持ってくること。言い訳には①萎え技（のらりくらりとかわして、相手に脱力感を与える）②すり替え（論点をすり替えてしまう）③意表つき（驚かせて、問題点を忘れさせる）④理屈攻め（数々の材料を活用して論破する）――これら四つがあり、対抗策はこの場合は③。潔く、「～で、理由は……」で押し切ろう。

49

前向きに検討します

本心 可能性は低いが、少し考えてはみる

ご存知、売れない政治家や経営者が多用してきたこのフレーズ。今や、その場しのぎを目的に一般人の常套句へもなりつつある。反対語は「後ろ向きで検討もしない」になるが、と言って、実質の意味はほとんど変わらず。恋愛の場面でもよく登場するようになった。

ありがちなやり取り

新規営業先と営業マンの会話

営業マン「そろそろ、機器の入れ替えはいかがでしょうか」

営業先「まだ、十分に稼働しているから大丈夫だよ」

営業マン「いえ、ご購入からだいぶ経っているようなので」

営業先「5年ぐらいかな」

営業マン「最近は新機能も増えましたもので、御社のお役に立てると確信しております」

営業先「わかった。じゃあ、前向きに検討するよ」

営業マン「後ろ向きのご提案は決していたしませんから」

前向きに検討します

問題点

正確には「前向きで…」のような気がするし、誰が・どのように検討するかも不鮮明な「まやかし」のフレーズ。主語が省略されがちなのが特徴で、聞いた方は何となく期待感をいだかされてしまう。しかし実際には実現する確率は非常に低く、単なる逃げ口上だと私は思う。過去の例を挙げても、このフレーズが出た上で、ことが実現したのは100分の1前後だ。

対処法

国会でこう言い放った与党幹部に、「向いているだけじゃダメ。進んで下さいよ」と返した野党議員がいた。あっぱれなフレーズだが、少し手を入れ、「前進しないと、検討時間が無駄。あなたも損はしたくないでしょ」と返したい。こう言われないためにも、「●と▼を、◆をポイントに議論・検討する」と言い切る思い切りが欲しい。どっち付かずは事を停滞させ、場合によっては混乱させるだけだ。

ある芸能プロダクションのチーフ・マネージャーが、「当プロのレッスン・ルームでセミナーを展開したい」と私へ連絡してきた。一度打ち合わせへ出向いたが、音信はそれっきり。3カ月後に電話すると、「前向きに考えています」のへぼな回答。半年近く、前向きにはまったく検討していない。

～みたいな

正しい使い方

～のような、～に似た

20歳代のOL集団に、「中年男性が使うと、虫酸が走るフレーズは？」と聞いたことがある。ワースト1位は「いい感じ」、2位は「ぶっちゃけ」。続いて、このフレーズが入った。「この案件は今度の会議で決まるみたいな」とつぶやかれると、「はっきりせえよ」と言いたくなってしまう。

ありがちなやり取り

OL連中の会話

A「ねえ、今度来た係長、話し方がうざくない？」
B「そうそう。やたらと若者言葉を使って」
C「気を引こうとしているんだろうけれど、やり過ぎよねえ」
B「『～みたいな』って、よく言っていない？」
A「使う、使う。『～みたい』って何に似ているっていうのよ」
C「草食にもならない、無食（煮ても焼いても食えない）系男子じゃないの」

問題点

「ようだ」よりもくだけた、例示や様態を示す助動詞。元々は名詞にだけ付いていたが、用言（動詞、形容詞、形容動詞）の連体形と合わさるものも増加。ただ、先のケースは結論をぼかすのが目的なので要注意だ。

私が知っている50歳代の男性が、嫌と言うほど使う。「どうして、そんなに多用するのか」と一度聞いてみると、「何となく、若返る気がするから」と、のたまわった。

対処法

「みたいだな」と言えば、まだ重厚さを感じるが、「だ」を抜いただけで軽薄視されるから怖い。「希望的観測っちゅうことでっか」と軽さを装って、発言の真意を突きつめていく。人を惑わす罪の意識を植え付けるべきだ。

こういう不信感を買わないためには、無闇に若者言葉へ迎合しないこと。「●はKYだな」や「▼は肉食系男子か？」と、いい年した経営幹部が吹きまくっていたら、ほとんどの人が引いてしまうだろう。貫録もへったくれもなくなってしまうし、軽蔑の眼差しで見られるのは必至だ。

これは正真正銘の事実で、「~みたいな」はタブー・フレーズとして強く意識するのが無難だと思う。

難しいです

正しい使い方
簡単なことではありません

このフレーズの前に「まあ」を付ける人がいる。「まあ」が感動詞なのか、「まあまあ」（適度に）の意味なのか解釈が分かれるところ。しかも、体言（名詞、代名詞）と副詞の一部、助詞に付く助動詞「です」が、形容詞「難しい」にくっ付いているから厄介だ。「です」は「だ」を丁寧に示したもので、このままだと「難しいだ」になってしまう。

ありがちなやり取り

子どもと教師の会話

教師「今度のテストはどうだった？」
生徒「問題数が多くて…」
教師「どのぐらいできたんだ」
生徒「うーん」
教師「半分ぐらいはいったんだろ」
生徒「ギリギリかな」
教師「前回よりは点数が上がったんじゃないか？」
生徒「それは、まあ難しいです」

難しいです

問題点

「まあ」は「十分ではないが、一応は良いと思う気持ち」を表す副詞(同義語は「どうやら」)。また、驚いたり・感心した時に自然と出る感動詞。前者なら大ポカではないが、「良い」や「合格点」などプラスの単語が来るべきだろう。

「まあ、行きます」「まあ、いいんじゃないですか」など、何にでも「まあ」を付ける人はかなり目立つ。「すいません」と並んで、日本人の反射的口癖である。

対処法

最後に「ね」がつき、「まあ良いんじゃないですかね」だったら割とすっきりいく。そして、文法的にも正しい。『まあまあ』とは、どのくらい難しいのでしょうか?」と学識的見地から問い質す。

上司に「●日までに、この仕事を仕上げて欲しい」と言われ、「まあ、難しいです」と応えたらまずいだろう。具体的に「▼のところに時間がかかりそうなので、●日までは難しいと思います。ただ、◆があれば、できると思います」が模範解答。

「です」の誤用も散見する。「私は◎です」はもちろん正しいが、「あれは赤いです」「これは美しいです」と平然と使うパターンも。大半の形容詞(〜い)に「です」は続かない。贅肉の付いた表現は、言語センスが大いに問われる。

滅多に・・・

正しい使い方
ちょっと多いなと感じている

「滅多」は元々、前後のことを考えない様子で「ほとんど」が類義語。「微妙」は「わずかな」や「かすかに」を意味していたが、最近は若者が「ほぼ確実」を表す語で使っている(例／志望校の合格は微妙ですね)。これに当てはめると、先のフレーズは「ほとんど間違いなく多い」となる。数量の多寡における表現に大差ありだ。

ありがちなやり取り

会社の同僚同士の会話

A「最近、飲み会が多くないか」
B「カネは続かないし、合コンだったらまだなあ」
C「めちゃ微妙に多いのは確かだよな」
B「C、おまえ、合コンをセットしろよ」
A「いいねえ、こんな大役は滅多にないぞ」
C「心境は微妙ですねえ」

問題点

「微妙」の定義がつかみづらいので、会話内では取り扱いに注意しなければならない。できるだけ具体的な数字で示すものだけに、インチキ野郎はこう言ってうやむやにしようと企てる。「若干」「些少」や「寸分」も類義語だ。ビジネス上ではあいまいな表現は慎むべき。具体的に数字を挙げて、「●が△で◆になる」を会話の基本としたい。人によって定義付けが違う言い回しは避けてほしいところだ。

対処法

その程度がどのくらいかは、誰でも正確に把握しておきたいところ。「微妙な言い方は少ない方が良いと思います」と、反語(多い⇕少ない)を使ってたじろがせる。理解はしたけれど納得はしていない点を主張するのだ。

こうした口撃をうけ、しどろもどろにならないためにも、おおざっぱでどちらにもとれる表現はできるだけ減らすこと。先の例だと、「めちゃ微妙に多い」→「今月は10回」、「心境は微妙」→「合コンはやりたいけれど、人を呼べないので幹事はできません」といった具合だ。

思わせ振りのフレーズには、しっかりした本音を出す具体語が不可欠。ただ、喧嘩腰の言い方では不毛。明るく・ゆっくり、きっぱり発したい。

もし、あれでしたら

一つの見解に対し、「仮にそうだったら」と続けるなら自然だが、突然このように切り出す人がいる。沈滞ムードを打ち破ろうとしているのかもしれないが、意味不明の「とりあえずフレーズ」には反応が難しい。「もしそれだったら？」と返したくなる。

本心 ノーアイデアだよ

ありがちなやり取り

上司と部下の会話

部下「この間、○○社へ部長に言われたとおりに企画提案してきたんですけど、すごく不評だったんですよ。部長が『絶対、いける』って言うから持って行ったんですよ」

上司「だったら、持って行く前に反対すればいいじゃないか。俺の企画より良い案を出せば問題なかっただろう」

部下「僕の出したアイデアを社内の企画会議でさんざん貶したのは、部長でしょう」

上司「もし、あれだったら、キミの案をもう一度持って行ったらどうだい？」

部下「何ですか、『あれ』って？　もし何だったら持って行けって言うんですか？」

もし、あれでしたら

問題点

「〜っていうかぁ」「〜だしぃ」と似ている。交渉の場では使ってはいけない言葉。軽率なイメージで、真剣なやり取りには適さない。また「あれ」と言われても、相手には当然伝わらない。「あれ、なんて言われても知らないよ。何、それ?」で片付けられてしまうのがオチだ。「あれ」「これ」などの「こそあど言葉」(指示代名詞)はモノや事象を指し示す言葉であり、具体性はきわめて希薄。不用意に使うと、話が曖昧になってしまう。

対処法

「もしよろしければ○○でご勘弁(ご了承)いただきたいのですが……」とへりくだる言い方もある。だが、交渉の場で「もし〜なら」「〜すれば」「〜したら」と、実現の可能性が高くない話を持ち出すのには問題がある。前述したが、クレーマーは言葉に敏感なので、「こいつはごまかしている」「逃げている」と思われてしまうかもしれない。同じ内容を話すにしても、結論を先に持ってくると相手に伝わりやすい。「○○なのですが、ご了承いただけますでしょうか?」の言い回しが効果的だ。

また、「文中のあれは何を指すか、30字以内でわかりやすく書け」はよくあるパターン。言われた方は、ちょっと応用して、「あれって、あれでしたっけ?」。おうむ返しで一撃かますのだ。「そうそう」と返ってきたら、再度「ですから、あれですか?」

54

やっぱし

先輩と後輩「今日は俺がおごるから、飲みに行くぞー」「先輩はやっぱし違いますねえ。さーすがー」。上司と部下「やっぱし、部長はお目が高い」。こんな場面で頻出するが、いっぱしの人は使わないだろう。

正しい使い方
やはり、やっぱり

ありがちなやり取り

会社の先輩と後輩の会話

後輩「●●さん、ここのところ、よくわからないのですが」
先輩「そこを右へ移動させればいいんだよ」
後輩「こういう風にですか」
先輩「そうそう、ちょっとゆっくりめにな」
後輩「できました」
先輩「逆の場合も同じだからな」
後輩「ありがとうございました。やっぱし、入社10年のバリバリですね」

やっぱし

問題点

「やはり」のくだけた言い方で、「矢張り」が当て字。以前と同じ状況であるさま、動かないでじっとしている様子を示す副詞。最近は常用されることからか、「やっぱ」「やっぱし」を載せている辞書もある。

しかし、「やはり」が日本語として一番美しい。「これっきし」(正しくは「これっきり」)や「何気に」(同「何気なく」)などくだけた表現は何か品性に欠ける気がする。

対処法

元々の意味を考えると、正しくはないが・間違ってもいない〝微妙語〟の一つ。しかし、先にも言ったように日本語としては邪道と唱える学者も少なくない。『やっぱり』の方が『やっぱし』より、言葉として綺麗だし格好いいよねえ」と私はいつも言っている。

あるパーティーで挨拶した社長が、約10分間に13回も「やっぱし」を使ったのには驚いた。参加者も最初は黙っていたが、徐々に笑いがもれる事態に。気が付かないのは本人だけで、「いやあ、今日の挨拶はウケたなあ」と大いなる勘違いをしていた。やはり、正確な表現へ改めるべきだろう。

「私の良くない口癖は?」と聞くのも馬鹿らしいが、事前準備は防備策としては効果的。事項の重要性は周辺にしかわからないケースも少なくないからだ。

やればできるじゃないか

正しい使い方 やったかいがあっただろ

たまたま仕事がうまくいった時、出がちなフレーズ。しかし、言い換えれば、普段はあまりできていないことをも表している言い方で、上司の管理能力も問われること必至。「やって当たり前。もっとやって欲しい」ぐらいの指摘が欲しいところだ。

ありがちなやり取り

上司と部下の会話

部下「２日早く仕上げました」
上司「ほー、ちょっと目を通すよ」
部下「資料もふんだんに盛り込んであります」
上司「中々、良くできているじゃないか」
部下「ありがとうございます」
上司「見直したよ。やればできるじゃないか」
部下「見損なっていたんですか？」

やればできるじゃないか

問題点

「やれば」などの「たら」「れば」は「いつもは十分やっていない」の裏返しの言い方であり、励ましたつもりが逆目に出る場合もある。「時々、成果を出せば評価されるんだ」と思いこむ輩もいないとは限らないからだ。「●すれば、もっとできるぞ」といった建設的な言い方が必要と思う。上司の教育的指導も不足していたわけで、他人事のような言い方はあまり愉快ではない。

対処法

「普段、やっていないみたいじゃないですか」「その通りだよ」。これ、本当にあった会話。

ある意味で、「今のままじゃ困る。さらにやらなければ、キミもマズイぞ」との意味も含まれているわけで、「継続を心がけます」が適切な言い回し。

しかし、「やればできるんだな」と言われて喜ぶ人はほとんどいないはず。言われた方は「やらせてもらえなかっただけじゃないか」や「せっかくの努力も、この程度の評価か」、「よっぽど能力が低く見られていたんだ」と解釈しても不思議ではない。たったひと言が、士気にも大きく影響しかねない。「褒め伸ばし」という言葉があるように、良い時には少し大げさなぐらいに褒めるのが人心掌握術。「こういうのを待っていたんだよ」「見込み通りだな」ぐらいのフレーズを駆使したい。

ゆっくり話していただけますか

正しい使い方 ○○でよろしいですか

クレームの場合、このフレーズを発すると相手にとってはとても不快。ただ急いでいるようにとられるからだ。一つ一つ確認しながら、丁寧に聞いていくのがポイントになる。

ありがちなやり取り

メーカーのお客様相談室での電話のやり取り

担当者「○○社お客様相談室の△△でございます」

客「買ったばかりのおたくのパソコン、ちゃんと動かないんだよ。プログラムを立ち上げようとすると、『このプログラムは応答していません』ってメッセージが出て、ちゃんと起動しないの。いったいどうなっているんだよ！　こんなことなら、ほかのメーカーのものにするから」

担当者「あの、お客様がお怒りなのはごもっともなのですが、もう少しゆっくり話していただけますか？」

客「じゃあ、ゆっくり話せばわかるのかよ？」

ゆっくり話していただけますか

問題点

「落ち着いてくださいよ」と言われているようで、相手はカチンとくる。これに似たフレーズに「おわかりになりますか?」があるが、いずれも、相手はバカにされていると思うのだ。

対処法

怒りにまかせてまくし立てるクレーマーは多い。「内容が聞き取れない」「事実把握が難しい」などの場合、相手の話をよく確認しなければならない。その時、「ここまでは良いですか?」と聞くのは間違い。これは、文句を言っている方が使う言葉だからだ。内容確認するには、「ここまでは○○と認識したのですが、よろしいでしょうか。間違いございませんか」とその都度、細かく確認すること。話をいったん切ることができるので、相手の興奮を鎮める効果もある。部分的にポイントを確認し、それを積み重ねることで解釈にブレがなくなる。相手の言っていることをきちんと把握できなかったために、問題がさらにこじれてしまうケースも多いので、特に注意してほしい。

要は

本心
何度言えばわかるんだ!

発言の冒頭に出てくれば「手っ取り早く、結論がわかって、手間がかなり省けた」となる。しかし、さんざん話した後のそれは、「何度言えばわかるんだ!」の意思表示。発言者のカリカリ具合が窺えるフレーズだ。

ありがちなやり取り

課長とOLの会話

仕事が佳境に入る夕方5時前後。
課長「あと、ひと踏ん張りだぞ」
社員「追い込みの電話をしまくります」
OL「お疲れさまでーす」
課長「キミもせっせとアシストしてくれ」
OL「はい。では皆さんにお茶を入れます」
課長「お茶なんか入れなくていい! 忙しいんだから」

OL「要は、コーヒーにすればいいんですねー」

問題点

「要するに今まで話したことの重点は」を縮めたものだと思うが、これを何度も放たれるのはあまり望ましいことではない。節目で確認しないと危険と認識されている確率が高いからだ。類義フレーズに「端的に繰り返すと」がある。

同じことを言っても、理解させられないところにも問題がある。言い方が思わしくないのか、タイミングが悪いのか。実は「天に唾する」ケースだってあるのも現実だ。

対処法

言われて愉快でないものは、先に口へ出してみる手を使う。相手の発言が一段落したら、こちらから「つまり…ですね」と先制打を放つのだ。この反復が確認習慣を醸し出し、相手を萎えさせる。

相手を理解・納得させるには、「現状把握→課題発見→解決策考案→実行」の流れを丹念にこなしていくのがポイント。同じことを何回も言わなければいけないのには、比重こそあれ、双方に責任がある。

せいぜい「先日も指示したように」「従来のやり方で」などを使い、理想は「確認、確認、また確認で言うが」。あまりしつこさを出さずに、しかも認識不足を自覚させる表現が適していると思う。

要領さえ良ければいいってもんじゃないんだ

正しい使い方 要領も大事だが、良い結果を求めないと

社員・スタッフへ気遣いするなら、この手の挑発的な表現は使わないだろう。意味を取り違えられぬよう、穏健に話すはずだからだ。これをきっかけに一触即発になっても構わない。攻撃的な意識が垣間見られるフレーズで、不毛な論戦によく登場する。

ありがちなやり取り

総務と営業の会話

営業「A社の納品伝票の一式はできましたか」
総務「できていますよ」

営業「一式になっていますよね」
総務「いや、簡易なものしか作っていません」
営業「それじゃあ困るんですよ、先方の要望なんですから」
総務「早く作った方が良いと思って」
営業「要領が良ければいいってもんじゃないでしょ」

問題点

「早くできればいいわけ?」「一応、形だけは整っているけどなあ…」が類義フレーズで、いずれも聞き手の達成感を失わせようとするもの。どうせ言うなら、「●と▼は課題として残るが、要領良くやってはいるね」。先の例のように、やらなければいけないのに、下手すると「手を抜いた」と認識されるやり方は思わしくない。要領とは「物事をうまく処理する方法」を示すものである点を強調したい。

対処法

術中にはまらなければ良いわけで、神経質に対応する必要はない。落ち着いた様子で、「いえいえ、中身も精査してください」とニコリ。決して言い返さず、終わったら「いくつか確認してもいいですか」とまたニコリ。

要領は「コツ」とも言えるもので、仕事を進める上で重要な要素。それを馬鹿にするのは考えもので、世間には要領の悪い輩はごまんといる。しかし、仕事が早いからと言って、丁寧さやきめ細やかさが不足していてはまずい。両方そろって、一流の仕事と言えるだろう。よって、「要領はいいが、◆と◎が足りないので至急補充して欲しい」「さすが要領はいいね。でも、■と○を加えてくれないとね」と前向きな表現で、やる気をそがないのが大切である。

ランチング

女性社員が「今日のランチ、どこにする」と話している光景はまっとうだが、男性の中年連中が「ランチ行くんですか」「俺もランチ行くよ」と掛け合っているのは、何とも気恥ずかしい。「メシ、食いに行くかあ」の方が、まだそれっぽいと思うが…。

正しくは
昼食をとること

ありがちなやり取り

ボケ部長と社長の会話

社長「（お客のAさんへ）食事にでも行きますか」
A「ぜひご一緒させてください」
社長「美味しい韓国料理店があるんですよ」
ボケ部長「私もランチングしていいですか」
社長「キミ、今日は控えてよ」

A「ところで、ランチングって？」
社長「この男、何にでもＩＮＧをつけるんですよ」
ボケ部長「それでは、ネクスティングで…」

問題点

名詞にＩＮＧが付くケースはまれ。しかも、ランチ（昼食）を進行形にするとは、そのセンスのなさと無知に呆れてしまう。そうだったら、朝食はブレック・ファースティング、夕食はディナーリングになると言うのか。格好付けているのか、それが正しいと思いこんでいるのかわからないが、とにかく恥をかくだけなのでご法度。少しは英語をスタディングするべきボケぶりだろう。

対処法

こういう輩は英語を使うのが一流と思っている節がある。しかも、生半可な知識なので、次々とボロを出していく。まずはその無恥ぶりを自覚して、極端な話で英語禁止令を誰かに出してもらったらどうだろう。

このボケ部長は30歳前半だが、社内では３本の指に入る嫌われ者。パソコンと一体化しており、持ち歩いて社内を遊泳している。連絡の大半はメール。しかも、前記のような語彙力なので、意味不明な部分が少なくない。とにかく「厄介」な存在なのだ。

こういう人物を部長にする会社も問題だとは思うし、表現方法一つ教育していない点もマイナス評価と思う。社長もよくウォッチングして、社内浄化しなければ…。

リワード

「それはどういう意味ですか」の詰問に、つい出てしまう最近流行っているフレーズ。また、過激な発言を糾弾され、柔かい表現へすりかえる時に使われる。しかし、ぎこちない重複表現は一種の焦りも醸し出しており、突っこみどころを確実に残す。

和訳すると

別の言い方をすれば

ありがちなやり取り

教師と生徒の会話

生徒「先生、今のところわかんないんですけど」
教師「具体的にはどこだ？」
生徒「全部っすよ」
教師「じゃあ、もう一度説明するか」
生徒「リワードってわけ？」
教師「リワードって何だ？」
生徒「表現を違えた、言葉の繰り返しのことだよ」

リワード

問題点

「意味を変えないで、別の言い方に直す」意味で、先の場合は「違う言葉を使うと」や「表現を換えると」、簡潔に「言い換えると」が適切。さらに「わかりやすく～」「やさしく～」を付けると、具体性が増していく。ちなみに、リワードなる英単語は存在しない。リサイクルやリユース、リデュースなどを真似て、ワードに「RE」を付けて使っているものと思われる。

対処法

ヤバいと思って、前言撤回しようとする狸野郎には発言の責任をとらせる。「混乱しますので、真意は換えないで下さいよ」と釘をさし、舌先三寸・二枚舌・口から出まかせを封じこめる。失言政治家へも使いたいくらいだ。

先にも触れたように極端とも言える造語だし、一部の中高生が使い始めているものなので、ご存知ない人も多いと思う。これを大人が使うと、まさに笑いものと化すこと間違いないことだけは確かだ。

そのまま「言い方を換えると」がまっとうな表現であり、これで徹底するのが賢明。略語もそうだが、むやみやたらに使うと、非常に軽薄に聞こえる。ましてや、造語で意味も良くわからないものは確実に使用を避けるべきであろう。

ルーティン

和訳すると

決まり切った、日常の型にはまった

メジャーリーガーのイチローは、朝起きてからバッターボックスに入るまで、完璧なまでに同じ日課を繰り返す「ルーティン・マニア」である。決まり事を大切にすることで、より安定した成績を残すのだ。ただ、それなりの人が使わないと、あくまで手抜きと思われる危険な言葉でもある。

ありがちなやり取り

会社の先輩と後輩

後輩「先輩。この資料、前のとほとんど同じですよ」
先輩「いいんだよ、渡す相手が違うんだから」
後輩「それはまずいんじゃないですか」
先輩「こういうのはね、ルーティンでやればいいの」

後輩「部長にどやされても知りませんよ」
先輩「気が付きゃしないさ」
後輩「先輩は、そのスタンスがルーティンなんですね」

問題点

これも最近、よく使われる英単語。特に若い人が日常会話で頻繁に使う傾向が強い。活用範囲が一気に広がって、「あいつの言う台詞はルーティンだよな」や「飲み会もルーティンになると食傷気味」、「ルーティン・ワーカーは不要」など、そぐわないものも出てきている。「決まり切った」を意味するものならば、「定型化した」といった日本語も歴然としてあるのに…。

対処法

あえて使う必要のない英単語だけに、先のような後輩の逆襲を受けてしまうことしきりだ。気障な英語づかいは敬遠されるだけだし、会話をしてくれる人が周りからドンドン離れていくだろう。

先の「定型化」や「決まり切った」だけではなく、「固定化」や「常態化」、「いつものパターン」でも良い。

誰もが理解できる表現方法をしっかり身に付け、「きちんと話せる人」の評価を得る。それが一流への登竜門だと思う。きちんと話すには、人の話をじっくり聴くことが不可欠。その中から良いところは学び取り、悪い部分は反面教師にする。何事も見逃がさない、聞き逃がさないを前提に、プラスへ転じさせる習慣を付けたい。

レンジ

和訳すると
範囲

商品の価格帯で中間のものを言う時の「ミドルレンジ」などで少しは耳慣れてきたが、電子レンジ（和製英語）の影響からか、日本語と組み合わせると全く意味が通じなくなる。通常のビジネスで使う必要は全くない。

ありがちなやり取り

問い合わせの客とコールセンター員

客「あの、先日買った商品が３日で故障したんですが」
コールセンター員「どこが、どうなったんですか」
客「開閉がうまくいかなくなったんです」
コールセンター員「危険防止のために、若干きつめになっておりますが」
客「開かない時があるんですよ」
コールセンター員「それは安全防止ですよ。許容レンジです」

客「レンジじゃなくて、炊飯器ですよ」
コールセンター員「ですから、レンジがそのぐらいなんです」

問題点

業界人がよく使うこの言葉。あまりに一般的に使われないので、多くの人に「?」が付く。50人の20歳代に聞いたところ、「バンドのオレンジレンジの略?」「電子レンジのことでしょ」などの回答が9割以上を占めた。冒頭の通り、「範囲」を示す英単語だが、先のやり取りのような場合に使われても、会話の生産性はない。特に人への説明を生業とする人はタブー語の一つだ。

対処法

「許容範囲」「幅」の表現で十分であり、あえて英語を使うものではないと思う。「ターム」(意味は期間)も同様で、広告業界やテレビ関係者が頻繁に使う。素人の私にとっては、時に何を言っているのかがわからず、思わず「それって何ですか」と聞き返したくなるが、相手は「誰でも知っている一般語」だと認識している。とんだ勘違いであり、極力、日本語で説明して欲しいといつも思う。

先に出たボケ部長も意味なく「業界かぶれ」。「今度の研修までのタームは2週間ですよね。内容もレンジを広げていただくとありがたいと思います」と何度聞いたことか。記録は「レコード」、打ち合わせは「ミーティング」、会話は「カンバセーション」。次々と出てくる、似非英語に哀れささえ感じる。

ろくでもないです

正しい使い方 とんでもありません（ございません）

「先日は結構なお席を設けていただきまして…」「いやいや、とんでもないです」。実にありふれた、ビジネス人同士の会話だ。こうやりとりする一方で、できの悪い若手社員を「ろくでもない野郎」と罵倒する。プラスとマイナスをどう使い分けているのだろうか。

ありがちなやり取り

会社の先輩と後輩

先輩「おい●●、A社の件どうしたんだ？」
後輩「少し放置してあります」
先輩「なんでだよ。あそこはこれからの有力顧客だぞ」
後輩「しかしながら、今度の担当者がトロいんですよ」
先輩「そんなことを言っている場合じゃないだろ」
後輩「約束は守らないし、ろくでもないです」
先輩「仕事を放棄するお前もろくでもないぜ」

問題点

「ろくでもない」は、①考えられないほどひどい ②取り返しがつかない ③常識外 ④決して、そんなことはない——以上を表す形容詞。先の会話は、相手の言葉を強く打ち消す使用法だ。「変なこと言うな！」とも受け取れる。「ろくでなし」とは「碌で無し」と書いて、「のらくらしていて、役に立たないダメな人」を示す。言われた方はカチンとくることは必至で、言い方を工夫しなければならない。

対処法

まず、形容詞「ない」に、肯定の断定を示す「です」を組み合わせるのは不自然。「そこまで言っていただけると…」の方が気配り十分。それを誇示する目的で、「そこまで〜」と皮肉を飛ばす。リアクションが見ものだ。相手の神経を逆なでしたくなければ、せいぜい「もうちょっと、何とかならないのか」。理想を言えば「課題が多くありますので」ぐらいの柔らかい表現としたい。

先日、ある企業の社長から、「お会いしたい」と電話があり、会社への行き方を聞いた。すると、「ひとりで調べられない方はろくでもないです。やっぱ、キャンセルします」とのメール。確認もせずに、一方的にメールを送り付けてくるこの人の名前が「自覚」と言うのだから、「相当どうにかならないか」「課題だらけで」と言いたくなった。

悪いようにはしません

完全に上から目線の「高圧フレーズ」。廻船問屋からワイロを受け取った悪代官の台詞と同じだ。主導権を握ったと認識した小悪党が、「おまえは私の手の平の上」と言っているさまで、パワハラ上司もしばしば使う。人事異動が盛んな2～3月に〝流行〟。

本心 でも、いいようにもしませんよ

ありがちなやり取り

銀行・融資担当者と会社社長

融資担当者「事業計画は順調に進んでいますか」
会社社長「まあまあといったところです」
融資担当者「『まあまあ』では、融資した甲斐も…」
会社社長「あと一歩なんですよ。もうすこし融資枠を広げていただけると」
融資担当者「う～ん。具体的な数字が見えないと」
会社社長「これが手直しした計画書です」
融資担当者「かなり積極化しましたね。まあ、悪いようにはしませんよ」
会社社長「何とかよろしくお願いいたします」

悪いようにはしません

問題点

「良い」「良くはない」「悪い」で分けたら、このフレーズは「良くはない」に当てはまるものだと思う。発言者の意図としては、「良いケースはほとんど考えられないが、それ以下になるかはあなた次第」といったところ。魚心あれば水心で対処するフレーズだ。ミスをした社員が上司に謝る際も、「失敗は誰にでもあるが、今回のはちょっとな。そこまで反省しているんだったら、悪いようにはしないつもりだよ」という発言が頻出。

対処法

「それを具体的に証明して下さいよ」と息巻いても、狡猾にはぐらかされるのがオチ。玉虫色の発言には焦点を絞って問うのが正攻法だ。「不安な気持ちはあなたへも迷惑をかけます。一ついいですか？『悪い場合』を具体的に教えて下さい」。こう突っ込まれないためには、「今回の場合は結論として、●と▼が考えられる。そうなった場合を考えて、物心ともに準備をしておくべきだな」程度の発言は欲しい。

先般、原稿をさんざん書かせておいて、「社長が最終的に認めない」とボツになったケースがあった。最初は「一生懸命説得した」「何とかものにする」と張り切っていたが、結局はお蔵入り。その時の台詞が「悪いようにはしません」。私がそれで許すわけもなく、具体的に対処策を示し、即座に実行させた。何事も正確性と具体性が不可欠である。

私のような者が

本心
「私だから」と本当は思いますが

苦言を呈したい時、「生意気を言うようですが」「若輩者ながら」や「話そうか迷った結果」などと使われるフレーズ。へり下りを装ってはいるが、実は腹わた煮えくり返っている現実を認識しなければならない。「私みたい」はもっと語調の強いものだ。

ありがちなやり取り

会社の上司と部下の会話

部下「今度の仕事は、私には少し荷が重いんですが」
上司「キミを見込んで頼んだんだよ」
部下「しかし、まだ力量不足でして」
上司「私の目に狂いがあったのか」
部下「そんなことはありませんが、私のような者が…」
上司「私のような者が？」
部下「はっきり申し上げて、できないのです」

社内では
私のようなものがオハズカシイ…
ペコペコ

社外では
私のようなものが思うに、最近の…
エラそー

私のような者が

問題点

「遠慮せずに何でも、どんどん言ってこい」と張り切る部長へ、その通りに物申したところ「そこまで言われる筋合いはない」。「私のような…」はこうした場面で応急処置として使える。しかし、多用すると「自分でもわかっているじゃないか」と抑えられる。以前、講演の講師を依頼した人が「私ごときが…」と断ってきたが、ここには謙虚さが感じられる。一方、「私のようなものが、その講演料では安くて…」と電話をたたき切られたこともあった。

対処法

これを免罪符に使い続けられたら、下手すると組織の秩序もへったくれも失くなる危険性をはらむ。「発言においては立場が対等でしょう」と、演出された卑屈さをつぶす手に出たい。こう押されると、人は言いたいことを引っ込めてしまう傾向が強い。

あるタレントへ取材を申し込んだ時のこと。取材テーマは「現代サラリーマンの切り返し術」。概要を説明すると、「私のような者が語ることじゃない。もっと、意識の低い人を探してよ」と一蹴された。おごり高ぶった発言に驚いたが、もう少し賢い人なら、「テーマに沿って話す自信がない。申し訳ないが、他の人をあたって欲しい」と言うだろう。

「私のような者が」はどちらにしても誤解を与える表現。「私は●なので▼。よって、■なんです」と説明すべきであろう。

ワン・オブ・ゼム

和訳すると 多くの中の一つ

「オール・オア・ナッシング」（有無の明確化）の対義語で、否定はしないが肯定するには決め手が欠ける時に使う。また、責任を回避したい場面で、「私も会社のワン・オブ〜」と登場することも。どちらにしても、結論への遠さを如実に表す「あいまい語」だ。

ありがちなやり取り

会社の会議の場で

議長「先般の不祥事について、当社のとるべき姿勢は？」

A「広報から、マスコミや消費者向けにリリースを配信する事」

B「それだけでは済まないんじゃないか」

C「やり方のワン・オブ・ゼムという感じだな」

B「新聞にも説明広告を載せなければ」

議長「意見はいろいろ出ているが、全体論ではない。あくまでもワン・オブ・ゼムだ」

A「会見を開く必要があるのでは？」

C「そこでリリースを配布して、質疑応答の場を設けるのが良いと思う」

問題点

正確さを期せば、「ワン・オブ・ゼア・○○」。○○に「グッド・プラン」が入れば、「妙案の中の一つ」とわかり、話の展開が読みやすくなる。「検討範囲外」と言いたいのであれば、「アウト・オブ・ユー」がふさわしい。

しかし、この英語もしょっちゅう使う類のものではない。「選択肢の一つ」や「多くの中の一つ」で表現は十分であり、あえて気取った言い回しをする気がしれない。

すかした言い方にカチンと来る人も少なくないと思う。「良い」「こうしたら良くなる」「良くない」「論評不要」を見極める意味で、「私と同じワンちゃんは何匹いますかねえ」と余裕の笑いであっけにとられさせたい。たいてい、この言葉を乱用する人は、「マスト・トゥ・ドゥー」（やらなければならないこと）や「ドント・サブジェクト」（禁止事項）などの乱脈英語を口にしがちである

対処法

こんな風に小馬鹿にされないためには、適切な言い換えを強く意識すること。先の「選択肢の一つ」にとどまらず、言うのは少し回りくどいが、「たくさんの意見は出たが、そのうちから一つに絞らなければならない。その点を考慮して欲しい」ぐらいのわかりやすさを重視したい。

どうしても使いたい場合は、日本語訳を付ける配慮も肝心だ。

吉野　秀（よしの・すぐる）

1963年生まれ。中央大学経済学部卒業。日経ホーム出版社（現・日経BP社）に入社後、多ジャンルにわたり各種雑誌の編集記者、編集長を歴任。同社退社後も、各種雑誌で編集長を務める。雑誌編集の仕事だけではなく、人材コンサルティングや講演・研修講師、出版プロデュース、書籍企画・執筆、イベント企画など、多方面で活動している。

2006年にフジテレビ『笑っていいとも!』木曜日・「口八丁手八丁・いいわけ番長」コーナーに解説者としてレギュラー出演。その後も、TBS「V6 新知識階級クマグス」や「王様のブランチ」、「生島ヒロシのおはよう一直線」などテレビやラジオにたびたび登場している。

『言い訳の天才』(すばる舎)、『お客さま！そういう理屈は通りません』(ベストセラーズ)、『プロ野球名選手列伝』（ソニー・マガジンズ）、『切り返しの技術』（あさ出版）など著書も多数。

デキる大人はこう使う！
スキルを高めるための66の日本語

2011年3月26日　初版第1刷発行

著　　者　吉野　秀
発 行 者　阿部黄瀬
発 行 所　株式会社教育評論社
〒103-0001
東京都中央区日本橋小伝馬町2-5 FKビル
TEL:03-3664-5851　FAX:03-3664-5816
http://www.kyohyo.co.jp/
印刷製本　壮光舎印刷株式会社

ISBN 978-4-905706-57-1 C0034